VIE

DU PÈRE JEAN-JOSEPH SURIN

DE LA COMPAGNIE DE JÉSUS

VIE

DU PÈRE

JEAN-JOSEPH SURIN

DE LA COMPAGNIE DE JÉSUS

PUBLIÉE

PAR LE P. MARCEL BOUIX

DE LA MÊME COMPAGNIE

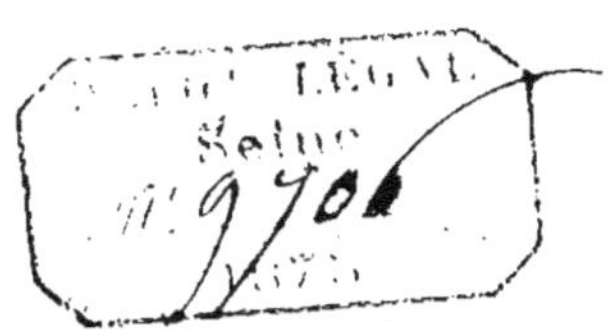

PARIS

IMPRIMERIE GAUTHIER-VILLARS

55, QUAI DES GRANDS-AUGUSTINS

—

1876

PRÉFACE DE L'ÉDITEUR

———

Autorité des écrits du Père Surin.

Pour mettre dans son jour l'autorité des écrits du Père Joseph Surin, nous nous contenterons de faire connaître les jugements qu'en ont portés les hommes les plus graves et les plus compétents.

Nous citerons d'abord les juges étrangers à la Compagnie de Jésus.

Le prince de Conti est le premier qui ait fait imprimer les ouvrages du Père Surin. Du vivant de l'auteur, ayant eu en main quelques-uns de ses manuscrits, il en fut si ravi et si édifié, qu'il résolut de les faire imprimer à Paris. Il le fit à l'insu de l'auteur et sans tenir compte des réclamations de ses supérieurs, tant il était convaincu que c'était rendre un grand service à la Majesté divine.

L'unique condescendance du prince de Conti pour la modestie du Père Surin fut de ne pas laisser publier son nom et de ne le faire désigner que par les initiales qu'on va lire.

On imprima d'abord le premier volume du *Catéchisme spirituel*. L'ouvrage fut au préalable examiné par deux docteurs de la sacrée Faculté de théologie de Paris. Dieu voulut que Bossuet fût l'un de ces deux examinateurs. Voici le jugement qu'ils portèrent sur ce premier volume :

« Nous soussignés, docteurs de la sacrée Faculté de théologie de Paris, certifions avoir lu et sérieusement examiné le livre intitulé *Catéchisme spirituel contenant les principaux moyens d'arriver à la perfection*, par I. D. S. F. P., et bien loin d'y avoir rien trouvé qui soit contraire à la foi catholique, apostolique et romaine, ni aux bonnes mœurs, nous avons jugé, au contraire, qu'expliquant avec beaucoup de méthode et de netteté toutes les matières spirituelles, il peut servir de guide assuré pour conduire les âmes à Dieu, depuis les premiers degrés de la vertu jusqu'à l'état le plus sublime de la perfection.

« Fait à Paris, le 16 décembre 1660.

« J.-B. BOSSUET.   T. REGNOUST. »

L'épître au prince de Conti, qui est en tête du premier volume du *Catéchisme spirituel* du Père Surin, renferme un jugement doctrinal entièrement conforme à celui de Bossuet ; c'est pourquoi nous en citons les passages suivants :

« *A SON ALTESSE SÉRÉNISSIME*

« *Mgr le Prince de Conty.*

« Monseigneur,

« Je présente un Catéchisme à Votre Altesse sérénissime, et je le lui présente sans crainte de faire injure à sa piété. Le titre en est simple et commun, mais les choses qu'il traite sont si relevées, qu'il ne faut pas un esprit moins éclairé que le vôtre pour les comprendre. C'est le fond des maximes évangéliques, c'est le moyen d'aller droit à Dieu, c'est la science des saints...

« Cet ouvrage, dans la simplicité de son style, parle de la haute Sagesse, mais d'une sagesse inconnue à la plupart des hommes. Le monde lui fera mauvais accueil, si Votre Altesse ne l'appuie de son autorité : je l'espère, Monseigneur, de l'estime que vous faites de son auteur, et de la connaissance que vous avez des grandes lumières dont Dieu l'a éclairé après les épreuves qui ont exercé sa vertu, et mon espérance est d'autant mieux fondée, que je sais le zèle et le désir que vous avez de voir l'esprit de perfection rétabli parmi les chrétiens. Il y a longtemps que celui du siècle s'efforce de le bannir dans les déserts et de le renfermer dans les cloîtres. Votre Altesse a trouvé le secret de le rappeler à la cour et de montrer qu'il n'est pas incompatible avec la première naissance et la plus haute fortune. Qui peut s'excuser après vous d'en suivre les pratiques et la conduite? Et cette sainte perfection de l'Évangile peut-elle encore passer pour roturière parmi les personnes qui se piquent de sagesse, quand un prince du plus bel esprit, de la plus grande capacité et du plus illustre sang de la terre, en fait les délices de sa vie et tous les entretiens de son cœur?

« Que me reste-t-il, MONSEIGNEUR, sinon de faire ici l'aveu que je ne prétends autre part en cet ouvrage que celle d'avoir secondé l'approbation que Votre Altesse lui a donnée, et d'avoir tâché de répondre au désir qu'elle avait d'en voir une impression exacte et fidèle. »

Voici le jugement porté par Henri-Marie Boudon, docteur en théologie et grand archidiacre de l'église d'Évreux, sur le premier volume du *Catéchisme spirituel* :

« Nous avons sujet d'adorer et de bénir amoureusement la conduite de la divine Providence, qui a suscité en nos jours des personnes éminentes en doctrine et puissantes en œuvres et en paroles, pour nous apprendre les voies les plus saintes de la perfection chrétienne. C'est ce que fait le digne auteur de ce livre qui porte pour titre *Catéchisme spirituel*, où l'âme désireuse de la perfection chrétienne trouvera les moyens qui y conduisent très-solidement établis, très-clairement expliqués, et les plus grands mystères des voies divines nettement déclarés en peu de paroles...

« O chrétien, si tu veux ouvrir les yeux à la lumière, si tu veux étudier la connaissance et l'amour de Jésus-Christ, en quoi consiste la vie éternelle, tu n'as qu'à lire ce livre, où tu trouveras une science divine que tu peux suivre sans errer et dont la pratique te conduira dans les voies les plus saintes du christianisme, n'y ayant rien de contraire à la foi de la sainte Église romaine, mais tout y étant rempli d'avis très-pieux, très-saints et très-divins. C'est le jugement que nous en faisons, nous soussigné, docteur en théologie et grand archidiacre de l'église d'Évreux. Ce 14 de décembre 1660.

« Henri-Marie BOUDON. »

Le second volume du *Catéchisme spirituel* du Père Surin fut également examiné par Bossuet et par un autre docteur de la Faculté de théologie de Paris. On va voir que le jugement qu'ils en portèrent ne diffère point de celui qu'ils avaient porté sur le premier volume :

« Nous soussignés, docteurs en la sacrée Faculté de théologie de Paris, avons lu et soigneusement examiné la suite du *Catéchisme spirituel*, composé par I. D. S. F. P., dont nous avons trouvé la doctrine conforme à la foi catholique, apostolique et romaine, et pleine de très-véritables et très-particulières instructions pour diriger selon Dieu la vie chrétienne, ecclésiatique et religieuse. En foi de quoi nous avons signé.

« Fait à Paris, le 2 juillet 1663.

« J.-B. BOSSUET.

« Guill. DE LA BRUNETIÈRE. »

Ce fut encore Bossuet qui, avec un autre docteur de la Faculté de théologie de Paris, examina le livre du Père Surin intitulé *les Fondements de la vie spirituelle*. Voici en quels termes ils donnent leur jugement sur cet ouvrage :

« Nous soussignés, prêtres docteurs en la sacrée Faculté de théologie de Paris, avons lu et examiné le livre intitulé *les Fondements de la vie spirituelle*, composé par I. D. S. F. P., dans lequel non-seulement nous n'avons rien trouvé qui ne soit conforme aux règles de la foi catholique, apostolique et romaine, mais encore nous avons jugé que cet ouvrage est très-digne du titre qu'il porte, et qu'il pose en effet très-solidement les fondements véritables de l'humilité chrétienne sur lesquels nous devons bâtir, si nous voulons que notre édifice s'élève et se soutienne. En foi de quoi nous avons signé la présente approbation. A Paris, le 4 mars 1667.

« J.-B. BOSSUET, *doyen de l'église de Metz.*
« N. PIGNAY. »

Ce jugement porté sur les écrits du Père Surin, Bossuet se fit gloire de le soutenir toute sa vie. Il s'en exprime dans les termes les plus formels dans ses ouvrages contre les faux mystiques. Citons :

« Il n'est pas jusqu'au Père Surin, dont j'ai approuvé le *Catéchisme spirituel*, qu'on ne tourne contre nous.

« Mais je ne puis pas faire ce tort à la vérité ni à un saint religieux dont j'ai approuvé l'ouvrage. Je l'approuve encore, et j'en rapporterai quelques endroits. »

Suivent les citations.

« Voilà des leçons d'un homme consommé dans la spiritualité. Il est incomparable sur les épreuves ; et nous observerons ailleurs combien il est opposé à celles que nous proposent les nouveaux mystiques. »

Dans ses Lettres spirituelles, Bossuet parle souvent du Père Surin ; il appuie ce qu'il dit sur l'autorité de ce saint religieux. Pour ne pas multiplier les citations, nous renvoyons le lecteur à ces Lettres.

Un des hommes les plus universellement estimés de ce siècle, M. Mollevaut de Saint-Sulpice, mettait les Œuvres doctrinales du Père Surin au rang de celles des plus grands maîtres de la vie spirituelle. Il en conseillait la lecture aux âmes qu'il dirigeait, et l'on peut affirmer que ces âmes en retirèrent le plus grand profit.

Venons maintenant aux jugements portés par les membres de la Compagnie de Jésus sur les écrits du Père Surin.

Dans son ouvrage intitulé *Bibliotheca scriptorum Societatis Jesu,* le Père Southwell parle en ces termes du Père Jean-Joseph Surin :

« Scripsit vir religiosissimus multa gallice de rebus spiritualibus ex quibus, ipso adhuc vivente, sed inscio, excusi sunt ab exteris, tacito veri auctoris nomine, sed permagno multorum fructu, *Catechismus spiritualis, Fundamenta vitæ spiritualis,* etc. »

Cet homme, qui fut un insigne serviteur de Dieu, écrivit en français plusieurs ouvrages sur la vie spirituelle. De son vivant et à son insu, des personnes étrangères à la Compagnie publièrent quelques-uns de ces ouvrages en taisant le nom de l'auteur, mais au très-grand profit des nombreux fidèles qui les lurent.

Le Père Champion, qui, entre autres ouvrages, nous a laissé *la Doctrine spirituelle du Père Louis Lallemant, de la Compagnie de Jésus, précédée de sa vie,* fut un des hommes qui étudièrent le plus à fond le Père Surin, car, comme il le dit lui-même, il devait écrire sa vie et publier ses écrits. Or voici comment il s'exprime dans une de ses lettres :

« Le Père Surin, dont M. Boudon vous a parlé, est un des grands saints du paradis, et l'homme de ce siècle le plus éclairé ; l'un de mes meilleurs amis du ciel, à qui j'ai mille obligations. Je vais désormais travailler uniquement à mettre ses écrits en état de voir le jour. J'ai des merveilles sur sa vie, et l'on m'en envoie de tous côtés. Aimez tendrement ce cher saint et nos autres amis du ciel sans les connaître. » (*Vie manuscrite du Père Champion.*)

L'auteur de cette *Vie manuscrite* nous a laissé ce précieux document :

« Le troisième moyen (indiqué par Notre-Seigneur au Père Champion pour sa sanctification) était l'amour que le Père Surin avait eu pour l'abjection et pour les mépris, qu'il avait possédé éminemment autant que l'homme en est capable.

« Je trouve de la main du Père Champion, à côté de l'écrit où cette grâce est exprimée, destiné sans doute à être mis dans la *Vie* de ce Père qu'il voulait composer, que le Père Surin avait obtenu cette faveur au commencement d'une octave du Saint-Sacrement à laquelle il s'était disposé, avant que la Possession des religieuses de Loudun fût arrivée. »

Le Père Saint-Jure, à qui la piété catholique doit un des plus beaux ouvrages qui existent : *la Connaissance et l'Amour de Notre-Seigneur Jésus-Christ,* fut, comme le Père Champion, un des plus grands admirateurs du Père Surin. Nous pourrions citer en preuve plusieurs lettres de ce grand maître de la vie spirituelle.

Le Père Brignon, qui a donné des éditions très-soignées de quelques-uns des ouvrages du Père Surin, met cette préface en tête du livre intitulé *les Fondements de la vie spirituelle :*

« Tous ceux qui ont lu *les Fondements de la vie spirituelle* les ont estimés; ils y ont trouvé une onction qu'on ne trouve guère ailleurs. La doctrine de l'Évangile y est expliquée avec beaucoup de netteté et de force, et l'on peut dire que ce qu'il y a de plus élevé dans la loi de grâce est renfermé dans cet ouvrage. Ce n'est qu'une explication de la morale si sainte du livre de l'*Imitation de Jésus-Christ;* il en contient tout le suc, et, en le lisant, on sent bien qu'il en a le vrai esprit. Partout il exhorte au mépris du monde, au dénûment de toutes choses, à la mortification des sens et à l'abnégation de soi-même ; et si l'on trouve qu'en quelque endroit il rebat un peu trop souvent la même matière, la répétition n'en doit pas sembler ennuyeuse, puisqu'il n'y a rien de plus nécessaire aux bonnes âmes qui aspirent à la perfection.

« Aussi est-ce principalement pour elles qu'il est écrit, et toutes sortes de gens ne sont pas capables d'en profiter. Il faut être entré dans la voie étroite et avoir appris à se vaincre, pour en bien goûter les maximes, qui vont toutes à combattre la nature corrompue. Cependant il ne sera pas inutile à ceux mêmes qui sont encore imparfaits. Il leur montrera du moins en quoi consiste la solide spiritualité ; il leur fera voir, par l'exemple du Sauveur et par celui d'une infinité de saints, qu'il n'est pas si malaisé qu'on s'imagine de se détacher de la terre, ni de s'élever à une haute sainteté, et que rien n'est impossible à une âme qui a pris une fois la résolution d'être toute à Dieu.

« Pour ce qui est de l'auteur, il n'a point voulu se nommer ; mais, quelque soin qu'il ait pris de se cacher, il est bien connu. Il a été en réputation d'un homme vraiment intérieur. Dieu lui avait communiqué un insigne don d'oraison, mais rien n'a plus éclaté en lui que l'amour de l'humiliation et du mépris. Il avait demandé à Dieu qu'il le fît passer dans le monde pour un homme sans jugement et sans raison ; et il en fut si bien exaucé durant plusieurs années, qu'il y a fort peu de saints qui aient passé par d'aussi rudes épreuves que lui en cette matière. Ce fut par là qu'il parvint à un sublime degré d'humilité et de mépris de lui-même. Ce qu'il dit de cette vertu, qu'on sait être le fondement de toutes les autres, c'est ce qu'il pratiquait excellemment, et il semble qu'en tout son ouvrage il n'ait prétendu que nous faire son portrait.

« Il avait un rare talent pour parler des choses de Dieu d'une manière touchante et propre à gagner les cœurs. C'est ce qui faisait que beaucoup de gens se mettaient sous sa conduite, et nous savons qu'un grand prince, très-recommandable pour sa piété, le consultait fort souvent sur les affaires de sa conscience et l'écoutait comme un oracle ; mais son livre le fera bien mieux connaître que tout ce que j'en puis dire, et c'est le plus bel éloge qu'on en puisse faire. »

Le *Journal de Trévoux*, rédigé, comme tout le

monde sait, par les écrivains les plus distingués de la Compagnie, rend ainsi hommage au mérite des écrits du Père Surin :

« Il y a peu de livres de piété qui aient été reçus du public avec un empressement aussi constant que ceux du R. P. Surin. La nouvelle édition qu'on donne de son *Catéchisme spirituel* était demandée et attendue depuis longtemps. C'est, de tous les ouvrages du R. P. Surin, celui qu'il jugeait devoir être le plus utile.

« Le titre de *Catéchisme* semble annoncer un livre qui n'est propre qu'aux commençants et où l'on se contente de donner les premières connaissances de la perfection ; mais les parfaits y trouveront aussi des instructions excellentes, propres à leur état, et les directeurs mêmes en tireront de grandes lumières pour conduire les âmes dans les voies les plus difficiles. Le Père Surin donne d'abord une idée grande et nette de la perfection chrétienne et fait sentir l'obligation pour tous les chrétiens de travailler à l'acquérir. Il présente ensuite les motifs qui doivent les animer dans cette sainte entreprise. Pour y réussir, il y a des obstacles à surmonter : l'auteur ne les déguise point ; mais il instruit en même temps des moyens de les vaincre, et, parcourant les conditions différentes, il fait trouver à chacun, dans son état, les moyens nécessaires pour arriver à cette perfection du christianisme. Apprendre à se connaître soi-même, à connaître Dieu et à lui témoigner son amour par la pratique des vertus chrétiennes et des conseils évangéliques : tels sont les avantages que le Père Surin a eu en vue de procurer à ses lecteurs, et que retireront de la lecture de ce *Catéchisme spirituel* tous ceux qui la feront avec un désir sincère d'en profiter et de régler leur conduite sur les maximes de l'Évangile et sur les exemples des saints. » (*Mémoires de Trévoux*, avril 1730, article XLV, p. 815.)

Le même journal, à propos d'une réimpression des traités de dévotion du Père Rigoleu et du *Catéchisme spirituel* du Père Surin, s'exprime ainsi :

« Ces deux excellents hommes avaient eu pour commun maître dans la perfection le Père Louis Lallemant, l'un des plus éclairés dans la vie intérieure que la France ait eus dans son siècle ; et ceux-ci ont fait voir combien ils avaient su profiter de ses leçons, étant devenus eux-mêmes de grands modèles et d'habiles directeurs dans la science du salut et de la perfection évangélique. » (*Mémoires de Trévoux*, octobre 1740, p. 2042.)

En 1755, environ un siècle après la mort du Père Surin, la Compagnie de Jésus, par l'organe de tous les profès d'une Province, et ensuite par l'organe de son Général, porta sur la vie et les écrits du Père Surin un jugement dont tous les hommes sensés apprécieront le poids et la valeur. Voici à quelle occasion.

Le 17 août de cette année 1755, les Pères de la province d'Aquitaine étant réunis en congrégation provinciale, un *Postulatum* fut proposé à l'effet de demander à Rome que le nom du Père Surin, un des plus insignes religieux de cette province, fût inséré dans le Ménologe de la Compagnie de Jésus. La Congrégation fut d'avis qu'avant de rien statuer sur ce point on rédigeât d'abord un *Compendium* de la vie, des vertus et des actions du Père Jean-Joseph Surin, et que ce *Compendium* fût lu devant tous les Pères et approuvé par eux.

D'après cette décision, le *Compendium* suivant fut rédigé. Le respect dû à une pièce si importante exige qu'elle soit d'abord citée dans son texte original, c'est-à-dire en latin ; nous la traduisons ensuite :

« *Compendium vitæ P. Joannis-Josephi Surin.*

« Die 21 aprilis 1665 obiit in collegio Burdiga-
lensi P. Joannes-Josephus Surin, annos natus 65.
Vir erat excellentis ingenii et in omni virtutum
genere illustris ; sed eminebat in eo præsertim
singularis pietas conjuncta dono contemplationis
non vulgari ; unde existebat præcipue rerum divinarum intelligentia et in quotidiano cum nostris
et externis sermone religiosa omnino et sancta
suavitas. Ardebat in eo præterea crucis et ignomi-
niæ tantus amor ut a Deo enixe postulaverit et
tandem obtinuerit ut apud homines tanquam
stultus haberetur ; et has appellabat Christi delicias
et pretiosa divini amoris insignia. Variis fuit vexa-
tionum generibus a dæmonibus exagitatus ; ad quæ
omnia se obtulerat, ut animam piæ virginis et
monialis ex qua dæmones quatuor expulit Deo
lucraretur ; quod feliciter cessit. Tantus erat in eo
zelus animarum, ut nihil prorsus hac in parte
omitteret. Superioribus erat obedientissimus sole-
batque dicere ; se propria experientia didicisse
obedientiam esse tranquillitatis animi fontem uber-
rimum. Quanta fuerit post mortem apud omnes
veneratione, indicio est quod studiose quam plurimi

etiam primi ordinis homines petierint aliqua ex ejus paupere supellectili, aut ex capillis aliisque ejus modi, dicebaturque etiam illarum rerum applicatione aliquos ægros fuisse sanatos. Libri quos de rebus ad spiritum pertinentibus scripsit satis declarant quanta fuerit in eo viro rerum divinarum peritia ; quibus libris etiamnum christianos ac præcipue religiosos ad perfectionem assequendam non mediocriter adjuvat. »

« Le 21 avril 1665 mourut au collége de Bordeaux le P. Jean-Joseph Surin, âgé de soixante-cinq ans. C'était un homme d'un excellent esprit et illustre en tout genre de vertus. Mais on voyait particulièrement resplendir en lui une rare piété, jointe à un don éminent de contemplation. De là provenait surtout l'intelligence qu'il avait des choses divines et cette suavité toute religieuse et toute sainte qui éclatait dans son commerce quotidien, soit avec les nôtres, soit avec les étrangers. De plus, il était embrasé d'un tel amour de la croix et des ignominies, qu'il demanda instamment à Dieu et eut enfin le bonheur d'obtenir de passer pour insensé au jugement des hommes, ce qu'il appelait *les délices de Jésus-Christ et les précieux insignes du divin amour.* Il fut tourmenté par les démons de divers genres de vexations. Mais il s'était offert à endurer tous ces tourments pour gagner à Dieu l'âme d'une vierge, d'une religieuse de laquelle il chassa quatre démons, et un heureux succès couronna son dévouement. Il avait un si grand zèle pour le salut des âmes, qu'il n'omettait absolument rien pour leur venir en aide. Son obéissance envers les supérieurs était parfaite, et il avait coutume de dire qu'*il avait appris par sa propre expérience que l'obéissance était une source très-abondante de tranquillité d'esprit.* Quant à la grande vénération dont il fut l'objet auprès de tout le monde, dès que Dieu l'eût appelé à lui, elle éclata d'une manière visible par l'empressement avec lequel un grand nombre d'hommes et même des rangs les plus élevés de la société demandèrent quelque chose de son pauvre mobilier, ou de ses cheveux et autres choses de ce genre, et l'on disait que, par l'application de ces objets, plusieurs malades avaient été guéris. Les livres qu'il a écrits sur les matières qui appartiennent à la vie spirituelle démontrent assez combien grande fut en cet homme la science des choses divines. Et, par ces livres, de nos jours encore, il aide puissamment les chrétiens, et principalement les religieux, à acquérir la perfection. »

Ce document si grave, dont toutes les expressions portent, fut lu devant tous les Pères de la Congrégation provinciale d'Aquitaine, et il fut approuvé de tous. Il fut alors statué par eux que le *Postulatum* tendant à faire insérer le nom du Père Jean-Joseph Surin dans le Ménologe de la Compagnie serait envoyé à Rome, et que le *Compendium* de sa vie serait relaté dans les Actes de la Congrégation.

Le Général de la Compagnie, après avoir mûrement examiné le *Postulatum* et le *Compendium* envoyés par la province d'Aquitaine, les sanctionna par son approbation, et il accorda que le nom du Père Jean-Joseph Surin fût inséré dans le Ménologe de la Compagnie pour toute l'Assistance de France.

> (Actes de la Congrégation provinciale de la province d'Aquitaine, en l'année 1755, Archives de la Compagnie, à Rome (1).)

Après ce jugement si solennel porté sur la vie et les écrits du Père Joseph Surin par tous les profès de la province d'Aquitaine et sanctionné par le Général de la Compagnie, il semblerait superflu d'invoquer d'autres témoignages des

---

(1) Nous devons ce précieux document au R. P. Philippe de Villefort, qui l'a copié de sa main à nos Archives de Rome.

membres de la Société. Nous citerons néanmoins encore le jugement de deux jésuites célèbres qui survécurent à la suppression de la Compagnie et qui honorèrent à un si haut degré l'institut auquel ils avaient appartenu, par leur science, par leur sainteté, par leur caractère et par leurs écrits. Nous voulons parler des Pères de Clorivière et Grou.

Le Père de Clorivière, qui, en 1790, quand l'impiété supprimait en France les ordres religieux, avait trouvé l'art d'organiser la vie religieuse au milieu de la persécution, et qui, toujours prêt au martyre, ne cessa, durant toute la tempête révolutionnaire, de se dévouer au secours des âmes, était, pour la spiritualité, de l'école du Père Surin. Il avait ses écrits en la plus haute estime, les considérant comme les écrits d'un des hommes les plus saints et les plus éclairés de son siècle. Il en conseillait la lecture aux âmes qu'il dirigeait; et cette haute estime pour les livres du Père Surin est restée, on peut le dire, une véritable tradition parmi les âmes d'élite qui ont choisi le Père de Clorivière pour leur guide dans les voies de la perfection chrétienne.

Quant au Père Grou, nous n'avons qu'à le laisser parler lui-même pour voir l'estime qu'il faisait des écrits du Père Surin. Il s'exprime ainsi dans une de ses lettres :

« Pour vous, M..., si la lecture du Père Surin vous plaît, si vous y prenez goût, je regarde cela comme une des plus grandes grâces que Dieu puisse vous faire. Ses ouvrages vous apprendront en quoi consiste le vrai service de Dieu, la solide spiritualité et cette vie intérieure qui doit être l'âme de notre conduite. Vous ne pouvez suivre de guide plus sûr et plus éclairé. Lisez-le lentement, et en quelque sorte à longs traits. Suspendez de temps en temps votre lecture, pour donner lieu aux réflexions et aux impressions de la grâce. »

(Extrait d'une lettre autographe et inédite du Père Grou, conservée à la bibliothèque de l'École Sainte-Geneviève, à Paris.)

*Appréciation des états extraordinaires par lesquels
est passé le Père Surin.*

Ces états, considérés à la lumière de la foi, sont
une preuve éclatante de la sainteté de cet illustre
serviteur de Dieu ; par conséquent, loin d'infirmer
en rien l'autorité de ses écrits, ils ne font que
leur donner un nouveau poids.

La sainteté éclate dans toute la vie de ce fils
d'Ignace, mais surtout dans les états extraordinaires par lesquels il a plu à Dieu de le conduire.
A huit ans il fait vœu de virginité, et il aura le
privilége de mourir vierge. A treize ans il est
favorisé d'une vision intellectuelle de premier
ordre, où Dieu se manifeste à lui avec tous ses
attributs. Cette vision accordée dans l'âge de l'ado-
lescence fait pressentir la grande destinée de cet

homme. Elle opère en lui un souverain détachement de tout le créé, elle l'embrase d'amour pour
Dieu et de zèle pour sa gloire. Fils unique, issu
d'une noble famille de Bordeaux, il entre à quinze
ans dans la Compagnie de Jésus. Durant ses
études, il s'efforce de marcher sur les traces du
bienheureux Berckmans et de saint Louis de Gon-
zague. A son troisième an de probation, il a pour
guide le Père Louis Lallemant, un des plus grands
maîtres de la vie spirituelle de son siècle. Il voit
en lui la sainteté en pratique, il l'imitera fidèlement toute sa vie. A trente-deux ans, il est choisi
par ses supérieurs et par les évêques pour être un
des exorcistes de Loudun. Dieu, de toute éternité,
lui a réservé cette grande mission. Là commencent ses états extraordinaires et se révèlent en
même temps les trésors de grâce qui sont en lui.
Envoyé pour délivrer les vierges qui gémissent
sous la puissance des démons, il montre combien
la charité de Jésus-Christ le presse : dans l'excès
de cette charité, pour briser les chaînes de ces
âmes captives, il s'offre et se dévoue à tous les
tourments que l'enfer pourra lui faire endurer.
Dieu, qui veut se glorifier dans son serviteur, à la
face du ciel et de la terre, accepte son sacrifice,
et dès ce moment l'athlète de Jésus-Christ engage

contre les puissances de l'enfer un des combats les plus mémorables qu'on lise dans l'histoire ; il durera près de trente ans. En entrant dans l'arène, le nouveau martyr de la charité jette aux démons ce défi : « Tout ce que vous pourrez me faire supporter de tourments ne sera jamais rien en comparaison de ce que je souhaite souffrir pour mon Dieu. » Et pour leur montrer que tous leurs tourments ne sont pas assez pour lui, il sévit lui-même contre son propre corps, le flagellant trois heures par jour durant une année. C'est avec ce courage et cette charité héroïques qu'il entreprend la délivrance des vierges possédées. Il emploie les exorcismes de l'Église, mais en même temps il cultive ces âmes par toutes sortes de secours spirituels, et il parvient à les unir tellement à Dieu, que les démons, après trois ans de résistance, se voient enfin chassés de leur domaine et forcés d'abandonner les corps dont ils étaient les maîtres.

Mais, peu de temps après, l'enfer livre au Père Surin une seconde guerre, plus acharnée que la première ; jusqu'à la soixante-deuxième année de sa vie, il endurera de la part des démons tous les genres de tourments. La *Vie* qu'on va lire les raconte. Aux tourments, ces esprits superbes ajoutent l'humiliation. Maîtres de sa personne, ils lui font faire, à l'extérieur, les actes d'un insensé, et il est jugé tel et traité comme tel. Il avait ardemment souhaité, par amour pour Jésus-Christ, de passer pour fou et de porter le vêtement dont Hérode couvrit le Sauveur. Ses vœux sont exaucés au delà de toutes ses espérances. De la partie supérieure de son âme, où son jugement reste dans toute sa vigueur, il voit comment il est traité, et il est au comble de la joie de porter les insignes de Jésus-Christ.

Durant ce long combat, il ne cesse de pratiquer toutes les vertus dans un degré héroïque. Mais une des plus étonnantes merveilles de la grâce, c'est l'héroïsme de son amour désintéressé pour Dieu. Dans aucun saint cet amour n'a éclaté d'une manière plus sublime. Les démons, répandant les ténèbres dans son esprit, lui persuadent qu'il est réprouvé. Pour les âmes embrasées de l'amour de Dieu, c'est le tourment le plus cruel qu'elles puissent endurer en cette vie. Plusieurs saints l'ont connu : saint François de Sales, sainte Magdeleine de Pazzi, sainte Angèle de Foligny, sainte Thérèse ; mais nul d'entre eux n'y a été soumis durant d'aussi longues années que le Père Surin. Et cependant, bien qu'il se croie à jamais exclu du ciel et qu'il se considère comme un réprouvé, il ne respire que la plus grande gloire de Dieu. Dans les intervalles que les démons sont forcés de lui laisser, il prêche dans les campagnes, et les auditeurs fondent en larmes : ils se convertissent, ils le vénèrent comme un saint. Il est au comble du bonheur de gagner ces âmes à Dieu. « Il suffit que Dieu soit Dieu, s'écrie-t-il, pour qu'il soit digne de tous nos services. » Mais ces prédications sont peu pour lui ; c'est à toutes les âmes et de siècle en siècle qu'il voudrait faire connaître et aimer Jésus-Christ ; et dans ce but, au milieu du martyre le plus cruel que le cœur puisse porter en ce monde, il compose ses ouvrages, les *Fondements de la vie spirituelle*, le *Catéchisme spirituel*, les *Dialogues spirituels*. L'amour désintéressé pour Dieu peut-il s'élever à un degré plus sublime?

Nous ferons observer ici, avec le Père Surin lui-même, que les opérations extraordinaires de Dieu commencent en lui en même temps que les démons commencent leurs attaques. Pendant les longues années que dure ce combat, il y a de la part de l'enfer un déploiement progressif de forces pour terrasser l'athlète de l'amour divin ; mais il y a en même temps de la part de Dieu un déploiement progressif de secours et de grâces qui rendent l'athlète invincible. Si les tourments que les démons lui font éprouver sont des plus grands, s'ils sont exceptionnels, si la vie d'aucun saint n'en présente de tels, du moins quant à la durée, les grâces de Dieu sont aussi des plus grandes ; elles sont des plus privilégiées, de l'ordre le plus exceptionnel : ce sont les faveurs qu'il a accordées aux plus illustres saints de son Église.

Le dessein de Dieu est accompli ; il s'est glorifié à loisir devant la cour céleste et devant les hommes dans son fidèle et magnanime serviteur. Trente années de combats sont pour cet incomparable martyr de la charité trente années de victoires sur les puissances de l'enfer. Les démons restent à jamais humiliés et confondus. Le Père Surin sort en triomphateur de ce combat. Il jouit trois années de son triomphe. Dieu veut qu'on honore son favori. Tout change à son égard : la Compagnie et les séculiers le vénèrent comme un saint et un martyr. Plus embrasé que jamais du feu apostolique, il prêche, il écrit, il dirige. Voulant que la vérité soit connue sur sa Possession et sur celle des vierges de Loudun, il en écrit l'histoire fidèle, pour l'instruction de tous les siècles.

Dieu le garde comme la prunelle de son œil ; il l'inonde de ses grâces, et il se plaît à le faire jouir dès ce monde d'un ciel anticipé. Mais il n'y a que lui qui puisse nous faire pénétrer dans le *Sancta sanctorum* de son âme. Écoutons-le : « La joie du Seigneur vient à moi comme une mer qui se décharge dans un petit vaisseau, et ainsi elle me déborde ; et si auparavant les flots de la colère de Dieu m'avaient comme submergé, maintenant je me trouve tout inondé de ses consolations. » Il dit encore : « Je ne sais comment ma joie et ma paix pourraient s'augmenter sans en mourir. Ce sont des torrents de biens si grands, que je ne sais comment ni à qui les dire ; ils sont au delà de toute mesure, et il faut attendre à l'autre vie pour en donner une pleine connaissance. »

Il peint ainsi les avant-goûts du paradis qu'il éprouve : « Il me semble que l'amour divin est la seule vie de mon esprit. Il n'y a rien en moi que Dieu ne convertisse en l'attrait du pur amour par une joie qui est inexplicable et incompréhensible. La vue du moindre objet qui se présente à mes yeux me transporte et me remplit de saints mouvements pour aller et être uniquement à Dieu seul. Mon cœur est à son égard comme celui d'un enfant à l'égard de son père : il repose dans son sein avec des délices continuelles ; c'est une douceur qui m'abime et me noie durant tout le jour. » (*Vie*, pag. 172 et 174.)

v

Sa mort est une des plus belles et des plus saintes que présentent les annales de l'Eglise. Entouré de ses frères au collége de Bordeaux, il succombe moins à la maladie qu'à la véhémence et aux ardeurs de l'amour divin qui le consume. Il est si embrasé de cet amour, qu'il s'élance vers son Dieu, et c'est dans un de ces élancements qu'il rend enfin sa belle âme à son Créateur, le 21 avril 1665, dans la soixante-cinquième année de son âge. Son visage paraît plus beau et plus doux qu'il n'était auparavant ; il porte un reflet de la gloire céleste. « C'est un saint ! c'est un saint ! » voilà le cri qui s'échappe de tous les cœurs. On pleure de dévotion, on lui baise les pieds et les mains, on demande à l'envi de ses reliques. C'est un concert unanime de louanges. Un des Pères les plus graves écrit : « Le Père Surin est mort comme il avait vécu, en saint et en grand saint. Priez Dieu pour lui, quoique je ne croie pas qu'il en ait besoin, ainsi que plusieurs personnes en ont eu une connaissance surnaturelle. »

Un homme apostolique dont la mémoire est restée en bénédiction, le Père Bastide, qui avait une pleine connaissance de l'intérieur du Père Surin, mais qui ne se trouvait pas à Bordeaux le jour de sa mort, s'exprime ainsi dans une lettre : « Tous les nôtres m'ont témoigné généralement que sa mort les a embaumés d'une odeur de sainteté. On lui baisait les pieds et les mains. Plusieurs fondaient en larmes. Plusieurs ont gardé de ce qui était à lui. Le Père provincial en a parlé comme d'un saint. » (*Vie*, pag. 184.)

Dieu fait éclater le crédit de son serviteur. Les divers objets qui lui ont appartenu, et jusqu'au bâton dont il se servait dans ses courses apostoliques, opèrent par leur contact des guérisons miraculeuses.

Son historien, Henri-Marie Boudon, résume sa vie et trace son portrait par ces mémorables paroles qu'il lègue à la postérité : « Ah ! Dieu ! quel saint ! Et quelle merveille et quel miracle parmi les saints ! »

Il nous reste maintenant à dire au lecteur quelle est la *Vie* du Père Surin que nous publions.

Cette *Vie* est un abrégé de celle qui a été écrite par M. Henri-Marie Boudon, sous ce titre : *l'Homme de Dieu en la personne du R. P. Jean-Joseph Surin, religieux de la Compagnie de Jésus.* Nous la publions d'après un manuscrit trouvé à Rouen. En comparant les deux textes, on voit que l'abréviateur est un homme judicieux et capable du travail délicat qu'il a entrepris. Ainsi, les pages qu'on va lire sont l'œuvre un peu abrégée du célèbre archidiacre d'Évreux, un des hommes les plus recommandables de son siècle par sa science et par sa piété. On peut dire de lui : « C'est un saint qui a écrit la vie d'un saint. » Il dédie son livre à Jésus-Christ, à la très-sainte Vierge, à saint Joseph. Il le présente ensuite à saint Ignace ; voici le début de cet hommage, où l'auteur donne libre carrière à sa dévotion envers le fondateur de la Compagnie de Jésus :

« Grand saint, il est bien juste qu'après avoir consacré cet ouvrage à Jésus-Christ, le Saint des saints et la Sainteté même, après l'avoir dédié à Marie, la Reine des saints, à saint Joseph, l'incomparable, je le vienne apporter à vos pieds, puisqu'il fait voir les actions héroïques de l'un de vos plus dignes enfants..... »

Nous avons vu plus haut que le Père Surin écrivit l'*Histoire de la Possession de Loudun.* Cette *Histoire*, qui est divisée en quatre parties, est restée entièrement inédite jusqu'au commencement de ce siècle.

En 1829, les première et quatrième parties ont été publiées à Avignon par Seguin, sous ce titre : *Triomphe de l'amour divin sur les puissances de l'enfer en la Possession de la Mère Prieure des Ursulines de Loudun*, et *Science expérimentale des choses de l'autre vie*. C'est le texte pur de l'auteur.

En 1828, on publia à Paris un abrégé de cette même *Histoire*, rédigé un siècle auparavant dans cette capitale, par un écrivain qui ne se désigne que par ces mots : « Une Personne solitaire. » L'ouvrage porte ce titre : *Histoire abrégée de la Possession des Ursulines de Loudun et des peines du Père Surin* (ouvrage inédit faisant suite à ses Œuvres).

Ces deux publications reproduisent à peu près en entier l'*Histoire* écrite par le Père Surin et complètent la *Vie* que nous offrons au public.

Résumons cette préface.

Par les jugements portés sur les écrits du Père Surin, il demeure démontré pour tout esprit judicieux que, parmi les maîtres de la vie spirituelle, la France n'en possède pas un qui lui soit supérieur.

« Voilà, nous dit Bossuet, les leçons d'un maître consommé dans la spiritualité. » Et il l'appelle « un saint religieux ».

Parlant du premier volume du *Catéchisme spirituel*, il dit : « Bien loin d'y avoir rien trouvé qui soit contraire à la foi catholique, apostolique et romaine, nous avons jugé, au contraire, qu'expliquant avec beaucoup de méthode et de netteté toutes les matières spirituelles, il peut servir de guide assuré pour conduire les âmes à Dieu, depuis les premiers degrés de la vertu jusqu'à l'état le plus sublime de la perfection. »

Rendant compte du second volume du même ouvrage, il dit : « Nous avons lu et soigneusement examiné la suite du *Catéchisme spirituel*, dont nous avons trouvé la doctrine conforme à la foi catholique, apostolique et romaine et pleine de très-véritables et très-particulières instructions pour diriger selon Dieu la vie chrétienne, ecclésiastique et religieuse. »

Après avoir constaté pendant un siècle les fruits des ouvrages du Père Surin, et après avoir étudié à fond la vie de ce saint religieux, la Compagnie de Jésus, par l'organe des profès d'une Province et par l'organe de son Général, formule ainsi son jugement :

« C'était un homme d'un excellent esprit et illustre en tout genre de vertus. Mais on voyait particulièrement resplendir en lui une rare piété jointe à un don éminent de contemplation, d'où lui venait surtout l'intelligence qu'il avait des choses divines. Les livres qu'il a écrits sur les matières qui appartiennent à la vie spirituelle démontrent assez combien grande fut en cet homme la science des choses divines. Et, par ces livres, de nos jours encore, il aide puissamment les chrétiens, et principalement les religieux, à acquérir la perfection. »

Un docte théologien qui s'est occupé toute sa vie de la théologie dogmatique et qui l'a enseignée longues années dans un ordre religieux nous disait, après avoir lu attentivement les Œuvres doctrinales du Père Surin : « Si dès le commencement de ce siècle les prêtres, les religieux, les chrétiens qui aspirent à la perfection et les vierges consacrées à Jésus-Christ eussent été élevés à cette école, nous aurions aujourd'hui des saints. »

Combien n'est-il donc pas à souhaiter que des éditions sérieuses, émanées de la Compagnie, popularisent au plus tôt les Œuvres de ce grand maître de la vie spirituelle et en facilitent la lecture parmi les fidèles, le clergé et les ordres religieux!

Le crédit du Père Surin auprès de Dieu s'était manifesté après sa mort par des grâces et des guérisons miraculeuses. Le moment ne serait-il pas venu où il va se manifester de nouveau, et plus puissant encore que par le passé?

En présence d'une si sainte vie et de ces paroles de l'archidiacre d'Évreux, biographe du Père Surin : *Ah! Dieu! quel saint! Et quelle merveille et quel miracle parmi les saints!* n'est-on pas autorisé à se demander s'il n'entrerait pas dans les desseins de Dieu de glorifier un homme qui l'a tant glorifié sur la terre et dont les écrits ne cesseront de le glorifier jusqu'à la fin des siècles?

Ce qui est vrai, c'est que Dieu, par un miracle de sa Providence, nous a conservé deux des plus insignes reliques du Père Surin, son chef et un des grands ossements, les dérobant aux fureurs de la Révolution impie du dernier siècle. Ces reliques, avec les authentiques et avec le procès-verbal écrit de la main du Père Xavier de Ravignan, sont aujourd'hui à la résidence des Pères de Bordeaux. Nous avons eu le bonheur de les tenir entre nos mains et de les vénérer.

Daigne MARIE IMMACULÉE donner sa bénédiction à ces pages, que nous déposons humblement à ses pieds !

Paris, École Sainte-Geneviève, 8 décembre 1875, fête de l'Immaculée-Conception de la très-sainte VIERGE.

MARCEL BOUIX, s. j.

VIE

DU PÈRE JOSEPH SURIN

DE LA COMPAGNIE DE JÉSUS

MORT EN ODEUR DE SAINTETÉ A BORDEAUX

LE 21 AVRIL 1665

CHAPITRE PREMIER

Noblesse et haute piété des parents du Père Surin. — Il naît à Bordeaux en 1600. — Grâces extraordinaires dont il est prévenu dès ses premières années.

Le Père Jean-Joseph Surin a pris naissance vers le commencement de 1600. Sa famille était illustre. On y compte des avocats généraux dans les cours souveraines et des présidents de celle de Toulouse. Monsieur son père était conseiller dans le célèbre Parlement de Bordeaux. C'est dans cette ville que naquit ce serviteur de Dieu : il était seul de garçons. Il avait deux sœurs : l'une se maria et mourut trois semaines après ; l'autre entra aux Carmélites, dans le même couvent que madame sa mère. C'était une personne de grâce, une fille d'oraison, appliquée d'une manière extraordinaire aux trois divines Personnes de la très-sainte Trinité. Le jour de sa profession ayant été différé pour plusieurs raisons, le ciel ne put souffrir ce retardement. Celui qui en est le grand Roi, l'adorable Jésus, lui apparut, et, par un amour infiniment miséricordieux, lui prenant les mains, lui fit faire ses vœux. Elle vécut peu de temps, ces âmes angéliques étant plus propres pour le ciel que pour la terre. Elle mourut en disant ces paroles du Psalmiste : « Vos commandements sont admirables ; c'est ce qui porte mon cœur à les rechercher avec soin. » Après sa mort, elle apparut à sa vertueuse mère, allant au ciel, dans une grande gloire, laissant une odeur miraculeuse.

Monsieur son père joignait, à la distinction, de la piété et une si grande crainte de Dieu, que, désirant l'établissement de sa gloire, il fit de grands dons au collége des jésuites de Bordeaux. Madame sa mère menait une vie fort sainte et si dégagée du monde qu'elle le quitta après la mort de son mari. Ce fut dans cette occasion que son fils fit paraître qu'il n'agissait que par les plus pures lumières du Saint-Esprit, puisqu'il fut presque le seul qui la détermina à entrer dans le cloître. Elle était âgée de cinquante-six ans, ce qui faisait une difficulté considérable. Mais ce qui faisait un obstacle insurmontable étaient ses infirmités, qui étaient si grandes qu'ordinairement quatre filles étaient occupées à la servir. Malgré tant d'obstacles, son attrait la portait aux Carmélites, dont l'observance est étroite et sévère. Mais l'homme de Dieu, éclairé surnaturellement, fortifia la volonté de sa vertueuse mère, lui conseilla de la suivre, quoi que l'on pût dire de contraire. L'événement a bien justifié qu'il était mû de l'esprit de Dieu dans la fermeté qu'il montra, puisque madame sa mère fut reçue aux Carmélites du couvent de Saint-Joseph. Son fils la prêcha à sa vêture. Son noviciat se passa avec un heureux succès. Elle y fit profession, et elle a vécu quatorze années avec tant de bénédiction, qu'elle a toujours gardé fidèlement toutes les observances. Elle ne fut à l'infirmerie qu'à la maladie dont elle mourut.

A peine le Père Surin eut-il pris naissance, qu'il donna des marques extraordinaires de son amour pour la pureté ; car, n'étant âgé que de onze mois, une femme l'ayant porté en un lieu proche de Bordeaux pour prendre l'air, elle commit une action contre la pureté ; l'enfant, à son retour, fit tant par ses gestes auprès de madame sa mère, qu'elle connut ce qui s'était passé, ce qu'elle a toujours regardé comme une chose extraordinaire et dont elle parlait avec étonnement. Cet enfant étant ainsi élevé par la puissance du Seigneur, ce qui le faisait regarder comme un prodige, après lui avoir offert les prémices de son esprit, lui consacra son corps par le vœu de virginité, à l'âge de huit ans, vœu qu'il observa avec une fidélité si entière qu'il est mort vierge, malgré toutes les tentations les plus furieuses de l'enfer. Il ne faut pas s'étonner si, dès ses plus tendres années, son esprit s'élevait si facilement à Dieu dans l'oraison, où il recevait tant de lumière. La divine Providence, qui lui a toujours servi d'une bonne mère, voulut que la vénérable Mère Isabelle des Anges l'assistât de ses conseils dans cet exercice angélique. C'était l'une des Carmélites d'Espagne qui étaient venues en France pour l'établissement de l'ordre du Carmel selon la réforme de sainte Thérèse. Elle était d'une vertu héroïque et d'une grâce extraordinaire. Le Père Surin, dans une de ses lettres, dit qu'il la reconnaît pour sa mère spirituelle, que ses paroles avaient des effets précieux de grâce, qu'elles opéraient la vivacité de la foi, l'élévation aux choses éternelles et la mortification à tout l'être créé. Cette sainte fille avait déjà une si haute estime de cet enfant, qui n'avait que dix à onze ans, qu'elle conçut de hautes espérances pour la suite. Elle le connut dans la fondation du premier couvent des Carmélites de Bordeaux, où il la venait voir. Leur entretien n'était que pour prendre des moyens de converser avec Jésus-Christ, selon l'esprit de sainte Thérèse, qui désire que l'oraison soit la matière ordinaire des entretiens de ses filles au parloir.

CHAPITRE DEUXIÈME

*Sa vocation à la Compagnie de Jésus. — Noviciat, études,
troisième année de probation.*

Ce n'était pas sans une conduite particulière de
Dieu que le Père Surin, dans son enfance, profita
de ses jours de congé pour aller au couvent de
Saint-Joseph ou au noviciat des Jésuites, puisque
saint Ignace devait être son grand protecteur durant
le cours de sa vie. Ce fut dans le couvent des Carmélites que, environ à l'âge de treize ans, il reçut
des grâces fort particulières ; car un jour, y assistant
aux vêpres, tout à coup son cœur se trouva inondé
d'une joie céleste qui l'obligea de s'asseoir, son
corps ne la pouvant supporter. Pour lors, il eut
une lumière surnaturelle qui lui découvrit d'une
manière ineffable les grandeurs inénarrables de
l'Être de Dieu : tous les attributs divins lui furent
manifestés d'une manière très-haute. Cette opération surnaturelle était si élevée, qu'elle contenait
par avance comme l'abrégé de toutes les grâces
intérieures qui, depuis, lui ont été communiquées.

Il écrit lui-même qu'en sa jeunesse il avait de grands attraits de Dieu. Quelque temps après, il eut connaissance que Jésus-Christ avait pris son âme d'une façon spéciale pour son épouse, dont il lui resta une soif extrême, avec un désir ardent de la perfection. Les moyens qui lui furent mis dans l'esprit pour y arriver selon les desseins de Dieu sur lui étaient l'esprit intérieur et le zèle des âmes. D'un côté, il se sentait lié à l'esprit de sainte Thérèse, et, d'un autre, il était pressé d'entrer dans la Compagnie de Jésus. Cette grâce de Dieu n'ayant pas été reçue en vain, il a toujours été une personne de haute oraison et d'une grande application pour le bien des âmes. L'esprit d'oraison le tenait dans une liaison de grâce très-particulière avec l'ordre du Carmel et avec la séraphique Thérèse, à laquelle il avait une dévotion particulière. Elle le favorisait de beaucoup de grâces. Ayant eu de ses reliques par la Mère Isabelle des Anges, il sentit l'odeur miraculeuse qu'elles répandaient.

Mais le zèle des âmes l'obligea d'entrer dans la Compagnie de Jésus, qui a pour fin de son institut de ne pas seulement travailler au salut de ses sujets, mais encore à celui de tout le monde. Il déclara son dessein à monsieur son père, qui s'y opposa. Il dit qu'il était prêt à lui obéir, à condi-

tion qu'il lui accorderait tout ce qu'il lui deman-
derait. Le père, qui était un homme puissant, lui
ayant répondu avec joie qu'il lui donnerait tout ce
qu'il pourrait désirer : « Mon père, lui répliqua le
jeune homme, donnez-moi le paradis et préservez-
moi de l'enfer. — Mais, mon fils, lui dit le père,
cela n'est pas au pouvoir de l'homme. — Ah !
mon père, s'écria l'enfant, souffrez donc que je
m'adresse à Celui qui le peut et qui en a établi les
moyens les plus assurés dans l'état religieux ; c'est
pourquoi je le prends. » Ce qu'il exécuta environ
à l'âge de seize ans ; ce ne fut pas sans de très-
grandes contradictions. Le démon, qui prévoyait
la grande gloire qui en devait arriver à Notre-
Seigneur par les grâces extraordinaires qu'il avait
remarquées en ce jeune homme, n'oublia rien pour
apporter des obstacles à son pieux dessein. Il eut
beaucoup à résister aux attaques que la chair et
le sang lui livrèrent, sous prétexte d'examiner sa
vocation. Mais enfin Jésus-Christ triompha en lui
de toutes ces difficultés. Il entra le jour de la
Visitation au noviciat de la Compagnie de Jésus, à
Bordeaux.

Au bout de deux ans, il fut envoyé à La
Flèche pour étudier en philosophie et en théologie.
Ayant beaucoup d'esprit, il réussit parfaitement

dans ses études, et il paraissait avec éclat dans toutes les occasions. Ses études étant achevées, on l'envoya à Rouen pour y faire la troisième année de probation. Ce fut dans cette année de retraite que Jésus-Christ, lui parlant un jour hors de l'embarras des créatures, il se trouva merveilleusement fortifié dans l'esprit de mort qu'il avait reçu au saint baptème. Ce fut dans cette sacrée solitude qu'il s'ensevelit tout de nouveau dans le tombeau avec Jésus-Christ, pour ne vivre plus que de la mort, disant un adieu éternel à toutes les créatures. Il communiqua les desseins d'une si grande et si longue séparation de l'être créé au Père Louis Lallemant, qui était son directeur dans cette maison de retraite. Comme c'était un homme de grâce, il l'éprouva beaucoup.

Dieu, qui se sert des choses faibles pour faire paraître sa divine vertu, voulut le fortifier dans ses généreux desseins par la rencontre d'un jeune homme qu'il trouva dans le coche de Rouen à Paris lorsqu'il s'en retournait en sa province. Ce jeune homme était un pauvre garçon, fils d'un boulanger du Havre, en Normandie, qui, ayant servi chez les religieux de Saint-Antoine, à Rouen, s'en allait à Paris pour y prendre l'habit de religieux en qualité de frère lai. Le Père Surin en parle dans sa Relation comme d'un berger, ce qu'il pouvait bien avoir été avant de servir les religieux dont je viens de parler. Ce pauvre garçon, âgé d'environ vingt ans, était si divinement éclairé, que le Père Surin douta quelque temps si c'était un ange dans un corps emprunté, ou un homme. Comme ses lumières étaient ardentes, elles enflammaient beaucoup des ardeurs du saint amour le cœur du Père Surin, qui d'ailleurs était un sujet parfaitement disposé. Il apprit que ce jeune homme fut tout à coup privé de ces lumières extraordinaires de Dieu, pour lui montrer qu'elles étaient un don gratuit qu'il donnait et qu'il ôtait selon son bon plaisir.

Il faut remarquer ici que la Relation que le Père Surin a faite de cette rencontre de providence, ayant été imprimée plusieurs fois et en divers lieux, il s'est glissé dans quelques-unes des erreurs qu'il désapprouverait et où il n'avait aucune part.

CHAPITRE TROISIÈME

*Il devient Socius de l'Instructeur du troisième an à
Marennes. — Sainteté de sa vie dans cette retraite.*

Quand il fut de retour en sa province, on découvrit bientôt en lui des marques d'une éminente
piété. Le Père Anginot, qui était à Marennes pour
y donner le commencement à une maison destinée
à l'année de troisième probation, en fut surtout
frappé ; comme il y était en qualité de directeur,
il le demanda aux supérieurs, dans le but de se
servir de ses exemples et de ses avis pour la conduite des Pères, dont il devait prendre la direction.
Il n'était pas encore arrivé à la trentième année
de son âge, lorsqu'il paraissait avec des lumières
si pures et des exemples d'une vie fort sainte. Il
veilla tellement dans cette maison de Marennes sur
toutes ses actions, ses paroles, les mouvements de
son cœur, sur toutes les opérations de ses sens,
qu'il ne laissait rien échapper avec vue où la nature pût se satisfaire. C'est ce qu'il a avoué à un
religieux en qui il avait confiance. Il ne vivait donc

que de la mort qui est la vie de l'homme de Dieu : c'est ce que nous verrons dans toute la suite de sa vie, où je désire de tout mon cœur adorer Jésus-Christ anéanti dans son serviteur par l'esprit de mort qu'il lui a donné d'une manière éminente. C'est ce qui lui faisait dire : « Si l'on me demande à quoi il faut mourir, je dirai : aux grandes et aux petites choses, et à tous les moments de la vie. »

Écrivant à madame sa mère, il dit : « Il nous faut vivre comme morts à toutes les choses sensibles, mettant toute notre attention à Dieu seul. » — « On ne peut dire, s'écrie-t-il dans une lettre à un Père de la Compagnie, jusqu'à quel point Dieu désire que nous accomplissions le grand commandement de l'aimer de tout notre cœur, de toute notre âme, de toutes nos forces. Toute créature est un piége pour nous en empêcher. Mais, disait-il encore, je n'eusse jamais pensé jusqu'où va la nudité où Dieu nous veut conduire, en quels déserts il nous veut mettre pour arriver à la pureté de l'opération de la grâce. »

Et de vrai, si nous expérimentons tous les jours que l'œil de notre corps ne peut supporter le moindre brin de poussière, pensons-nous que notre âme doive souffrir la moindre tache ? Pour les découvrir, il faut sans doute la lumière de Dieu. La

Bienheureuse Catherine de Gênes, tout éclairée qu'elle était, a reconnu pour imperfections des choses qu'elle pensait être fort bonnes. C'est pourquoi l'homme de Dieu enseignait « qu'il fallait rentrer en soi-même et y chercher Dieu continuellement dans son fond, pour découvrir ce qui nous empêche de lui être entièrement unis. » Ensuite, il disait « qu'il faut commencer d'aller à Dieu par l'horreur des moindres péchés ; qu'il ne faut jamais commettre aucune faute, pour légère qu'elle puisse être avec vue ; que, sans cela, jamais l'âme ne jouira des caresses du divin Époux. » — « Il est de plus nécessaire, enseignait l'homme de Dieu, que tous les objets créés sortent du cœur, l'âme ne devant avoir que Dieu seul pour ami, ne se réjouir qu'en lui et ne prendre aucune force qu'en sa vertu, se défaisant des moindres affections de la créature avec autant de promptitude qu'on le fait du feu quand il tombe sur un habit. » — « Il faut, disait-il encore, commencer par le retranchement d'un nombre de bagatelles et abandonner tous les desseins de la terre ; chercher la retraite, le recueillement des sens ; aimer la croix et y mettre sa confiance ; s'adonner à l'oraison et y persévérer, malgré toutes les répugnances qui y peuvent arriver ; que, de plus, l'on devait savoir que le moindre plaisir inutile habituellement retenu, quoique non pas avec délibération expresse, mais par adhérence, la moindre curiosité, le moindre soin superflu étaient un obstacle aux grâces particulières de Dieu en l'âme. »

Enfin, l'état de mort chrétienne et de renoncement est général, comme nous l'avons dit; de même qu'un corps mort est dans une entière privation de toutes choses, en sorte qu'il n'est pas seulement mort dans quelqu'un de ses sens, mais en tous. « Voilà, s'écriait le grand saint Jean Chrysostome, l'état du véritable chrétien, qui doit être comme un mort à l'égard des richesses et de la pauvreté, des plaisirs et des douleurs, des honneurs et des mépris, des amitiés et des haines, et encore à l'égard de soi-même. » Le Père Surin disait quelquefois à ce sujet « qu'il fallait se mettre de la croisade avec les bons et vrais disciples de Jésus-Christ pour annoncer partout le renoncement évangélique, mais particulièrement dans les monastères qui font une profession spéciale de n'être plus du monde et qui sont morts par l'observance de leurs vœux et de leurs règles. » Écrivant à la Mère Jeanne des Anges, supérieure des Ursulines de Loudun, et l'instruisant de la manière de conduire les novices et les jeunes religieuses, il lui dit

« qu'il leur faut donner une grande idée de la vertu, que cette idée consiste à tendre au plus parfait, ne laissant aucune vie·dans l'intérieur que pour Dieu ; qu'il fallait pour cela être bien persuadé que la vie spirituelle consiste à prendre dès le commencement les vraies idées de la vertu qui se trouve dans l'entier renoncement de nous-mêmes, par un dessein généreux et élevé. N'attendez jamais grand'chose, disait sainte Thérèse, d'une personne qui est sans courage, quoiqu'elle soit humble. »

La générosité est ce qu'il y a de plus nécessaire dans les voies de Dieu. C'est ce qui faisait dire au Père Surin « qu'après avoir donné de véritables idées de la vertu, jusqu'à ne vouloir prendre ni vie, ni repos, ni satisfaction qu'en Dieu seul, il fallait beaucoup encourager les âmes, leur donnant confiance que Dieu leur donnera les grâces nécessaires pour surmonter efficacement toutes les défiances qu'elles peuvent avoir. » Il faut remarquer que l'on doit prendre garde à une certaine activité naturelle dans le chemin de la perfection. Il ne faut pas non plus jamais s'abattre ; l'on doit toujours se relever avec courage, quelque chute que l'on y fasse. C'est une grande vérité que le découragement, l'ennui, le chagrin et l'inquiétude viennent de l'amour-propre et du démon. La perfection ne s'acquiert pas en un jour ; ainsi, il faut attendre en grande patience. C'est un ouvrage qui ne se fait pas sans peine ; ainsi, il ne faut pas s'étonner si l'on souffre. Après tout, il ne faut jamais rien faire contre le dessein de la perfection, ni contre la confiance que l'on doit avoir en Jésus-Christ pour les secours qui sont nécessaires pour atteindre cette perfection. Mais on doit s'engager gaiement, avec une sainte liberté et sans aucune gêne, dans le service de Dieu.

On ne saurait croire combien il faut peu de chose pour donner prise à la nature et au diable. Le Père Surin rapportait, à ce sujet, une chose bien considérable qui lui était arrivée, disant que, durant une maladie où il ne pouvait point agir, le Frère qui le servait venait de temps en temps éteindre la chandelle avant l'examen du soir, pour pouvoir se coucher un peu plus tôt que les autres et donner cette petite satisfaction à son corps. Le Père, dans l'état où il était, ne lui en dit rien, par quelque condescendance naturelle. Mais Dieu, qui ne laisse point impunis les moindres défauts de ses enfants, l'en châtia d'une manière bien rigoureuse ; car il en souffrit durant une heure d'une façon si terrible qu'il croyait que la peine surpassait tous les tourments de la vie présente, et il lui fut dit intérieurement que le Frère ne persévérerait pas dans la Compagnie, et en effet il en sortit deux ou trois ans après.

J'ai appris ce fait d'une supérieure d'une éminente vertu et d'une grande prudence, qui était religieuse d'un ordre très-réformé et supérieure de ce saint institut. Comme ce monastère était dans son commencement, elle trouva l'infirmerie en fort mauvais ordre, y ayant des ouvertures en plusieurs endroits de ses murailles. Pour remédier au mal qui en pouvait arriver aux infirmes, elle fit mettre contre la muraille un méchant morceau de tapisserie qui était jeté dans un coin du grenier. La chose paraissait fort innocente et même nécessaire ; mais, comme cette supérieure était une fille de grâce, elle eut peur que cette action ne servît quelque jour d'exemple pour faire usage en quelque façon de ces sortes de meubles, ce qui l'obligea de faire ôter cette tapisserie au plus tôt. A la suite de cette action, un orage se formant tout à coup et les fenêtres du lieu où elle était s'étant ouvertes, le diable lui apparut en forme visible, fort irrité de ce qu'elle avait fait ôter la tapisserie, lui disant qu'elle lui servait de retraite, et, lui faisant de grandes menaces, il ajouta qu'il saurait bien s'en venger par l'empressement qu'il allait donner à ses filles dans un ouvrage où elles travaillaient pour l'autel.

Il n'est pas croyable les grands et malheureux effets que causent des choses qui paraissent bien légères. C'est ce qui faisait dire au serviteur de Dieu écrivant à une religieuse maîtresse des novices : « Vous devez imprimer à vos novices une grande haine de l'esprit mondain et de tout ce qui favorise l'amour-propre, sous prétexte de civilité et de bienséance ou choses semblables qui rendent les religieuses à demi séculières. » Il était vivement pénétré des désordres où tombent un grand nombre d'âmes qui ne vont à Dieu qu'à demi et dont l'esprit et le cœur sont partagés : Dieu les prive de grâces immenses pour elles et pour les autres. Il assurait qu'il ne fallait pas dissimuler cette vérité : « que l'on n'aura jamais de parfait repos que dans le détachement de tout ce qui n'est pas Dieu. »

Dans une lettre à monsieur son père, il lui écrit « qu'il expérimente que la véritable paix ne se peut rencontrer que dans le renoncement à toutes choses et dans la séparation de toutes les consolations de la terre, et que plus il va, plus il s'établit en cette vérité. » Et, comme il vivait dans cette disposition, il recevait des grâces signalées de Notre-Seigneur pour y faire des progrès admirables. Quelquefois, il sentait tout à coup des opérations véhémentes qui l'anéantissaient, comme si quelque foudre fût tombé sur lui, et causaient en lui un grand éloignement de la terre et des choses du monde. Il disait quelquefois « qu'il avait oublié toutes les choses du monde et qu'il lui semblait être hors de la terre. » C'était dans cette séparation parfaite que l'homme de Dieu vivait et sans laquelle il estimait que c'est bien peu faire que de faire les plus grandes choses. Mais, comme sa maxime était qu'il fallait entrer dans le détail de tout ce qui nous peut attacher pour s'en dégager saintement, afin d'entrer dans cet esprit de mort parfait et général, nous allons voir combien sa pratique était conforme à ses maximes.

CHAPITRE QUATRIÈME

De son esprit de mort à la vie naturelle.

C'est une chose rare dans le monde que de vouloir le quitter. Peu disent comme le Père Surin, dans la pensée de mourir : « Je ne songe qu'à rendre l'esprit aux pieds de Jésus-Christ. » C'est ce qui lui faisait écrire à la Mère Jeanne des Anges, Ursuline : « Je vous trouve bien heureuse de pouvoir bientôt mourir ! » Cette pensée de la mort répandait une douceur incroyable dans toutes les incommodités corporelles qui lui arrivaient : quand il considérait que les maladies pouvaient le faire mourir, il se sentait rempli d'une consolation inconcevable.

Mais ce qui l'éloignait le plus de la terre, ce qui lui donnait de si forts mouvements d'en sortir, c'était l'amour qu'il avait pour Jésus-Christ. Il était dans la fidèle pratique de ce qu'il enseignait aux autres : « que ce n'était pas assez d'aimer l'aimable Jésus, mais qu'il fallait avoir une sainte passion pour lui et pour tout ce qui le touche. » Il était si pénétré de cet amour, qu'il avoue « qu'il ne faisait que languir et soupirer après lui, qu'il ne peut plus prendre de plaisir qu'à penser à lui, qu'il veut passer le reste de ses jours dans le gémissement comme une tourterelle qui a perdu sa compagne, sa sainte Humanité ayant quitté notre terre pour se retirer dans le ciel. Il disait que Dieu prend des flèches dont la pointe est teinte dans le sang de Jésus-Christ pour nous blesser, et qu'ensuite le cœur est comme navré, qu'il n'a plus de repos qu'entre les mains de son Seigneur. Ces sentiments lui faisaient dire que les blessures d'amour qu'il avait reçues, au lieu de sang, lui faisaient jeter des larmes, et qu'il croyait passer le reste de ses jours dans des pleurs continuels. »

Cependant il ne faut pas s'imaginer que les désirs de la mort causés par l'amour aient toujours été tels dans ceux qui les ont portés. C'est ce que le jeune homme que le Père Surin rencontra dans le coche de Rouen à Paris lui fit remarquer. Car, comme le Père lui parlait du grand jugement, il prit garde qu'il dit plusieurs fois : « Que n'est-ce bientôt ! — Eh ! quoi donc, mon Frère, vous voilà donc arrivé dans le désir de ce qui a fait trembler les plus grands saints ? — Il est vrai, mon Père, lui répondit-il, mais ces âmes éminentes en ce temps-là envisageaient leurs intérêts, quoique très-saints; mais, quand on ne voit plus que l'intérêt de Dieu, l'on ne songe qu'à ce qui le glorifie : c'est ce qui me fait désirer le jour du jugement, parce que ce sera le jour de sa gloire, sans considérer ce qui m'y arrivera. »

C'est la disposition dans laquelle le Père Surin vécut et est mort. « Non, disait-il, le monde n'a rien qui me contente, rien qui me retienne. » Et son dégagement allait jusqu'à son propre intérêt le plus saint. Dans cette liberté, il regardait la mort avec une paix ineffable. Sa pensée, à ce qu'il assurait, lui causait une consolation presque insupportable, quoique ses péchés, d'une autre part, lui donnassent de la crainte, bien qu'ils ne fussent pas grands, puisqu'il a été rapporté qu'il avait conservé son innocence baptismale : mais les imperfections qui paraissent comme des atomes aux yeux des autres sont regardées des saints comme des montagnes. Cependant, s'élevant au-dessus de toute crainte, il écrit à la Mère Jeanne des Anges : « J'ai peur du moment de la nouvelle de ma mort, au temps que Notre-Seigneur voudra qu'elle me soit apportée, comme d'un coup qui me doit donner un transport de joie contre lequel je ne sens point de forces suffisantes dans la nature. »

Ces dispositions n'ôtent pas à l'âme la parfaite indifférence à l'égard de la vie et de la mort, ne voulant jamais rien par aucun propre désir. Ainsi, l'homme de Dieu est prêt à vivre ou à mourir, selon le bon plaisir de Dieu; mais, sans rien perdre de son indifférence, il se laisse aller aux justes mouvements que son amour de Dieu et le zèle de ses intérêts lui donnent.

CHAPITRE CINQUIÈME

De son esprit de mort à la vie animale.

Comme la pratique de la mortification est indispensable si l'on veut avoir et conserver l'esprit de Dieu, le Père Surin disait « que tous les saints avaient été animés de l'esprit de pénitence ; que, dès lors que l'âme aimait sincèrement Dieu, incontinent son divin Esprit l'engageait à châtier le corps ; qu'il ne savait pas comment nos affaires pourraient bien aller avec Notre-Seigneur sans cet esprit ; que l'âme qui n'incommode point son corps est basse et rampante. » C'est ce qui le portait à pratiquer la pénitence d'une manière qui surprend. Il a été une des personnes du monde qui ont le plus souffert. On peut même dire que ses grandes croix trouveront peu d'exemples. Il a souffert de la part des hommes, il a souffert de la part des démons des tourments inexplicables et d'une manière très-extraordinaire ; mais ce qui était terrible est que ces peines étaient par l'opération immédiate de

Dieu. Étant accablé pour ainsi dire et comme écrasé sous le poids immense de toutes ces croix, il ajoute de nouvelles peines à ses peines. Son esprit et son corps, quoique crucifiés de toutes parts, il les attache encore à la croix par de nouveaux clous. Il portait ordinairement le cilice et des ceintures très-rudes. Tous les jours il prenait la discipline ; il la prit longtemps deux ou trois fois par jour. Il a été une année qu'il la prenait chaque jour durant trois heures. Dans ses maladies, il ne se dispensait pas un seul jour de cet exercice. Dans la dernière, dont il mourut, il s'accusa comme d'une grande lâcheté de ce qu'il ne l'avait prise que deux fois.

Ses abstinences ont été extrèmes durant son séjour à Marennes. Enfin l'on peut dire qu'il a réduit son corps en servitude, l'affligeant par toutes sortes d'austérités et de pénitences : elles ont été si grandes, qu'on aurait de la peine à les croire, et leur extrème sévérité n'a été connue que de ceux à qui son devoir l'obligeait de les dire.

Le secret de l'Évangile est de ne se point flatter soi-mème, mais de se haïr généreusement. Le Père Surin enseignait « que c'est une tromperie ordinaire du diable et de l'amour-propre que le trop grand soin du corps ; que, pour ce sujet, l'amour de nous-mèmes et le démon se servaient du prétexte de la santé, qu'ils mettaient dans l'imagination que la vie conforme à l'esprit de la croix et à l'Évangile la détruisait, quoique dans la vérité il n'y ait rien qui la ruine davantage que de vivre selon ses inclinations et dans les plaisirs des sens; que l'un des moyens de se bien porter est de ne pas se mettre en peine de la santé; que souvent on trouve dans le corps un fond de force que l'on ne pensait pas, que l'expérience le fait connaître évidemment dans la suite; que le prétexte des infirmités, dans les monastères mêmes, tient les âmes dans la tiédeur jusqu'à la mort, les portant à des soins inquiets pour les remèdes, ou à une vie molle et relâchée, ou à des conversations trop fréquentes, gardant peu de silence et de retraite; qu'il avait connu plusieurs personnes trompées par ces illusions; qu'au reste il fallait donner sa santé à Dieu et à sa divine Providence. Il assurait qu'il ne pouvait assez dire combien la mortification était agréable à Notre-Seigneur, qu'elle en attirait beaucoup de grâces, que les enfants de Dieu aiment la pénitence, qu'elle tient l'esprit fort et vigoureux, la conscience tendre; qu'elle cause une sainte joie et une divine allégresse, qu'elle fait peur au diable; qu'entre les pénitences la discipline était celle que l'on pouvait faire sans craindre les suites des autres qui peuvent ruiner trop la santé ; que les diables la redoutaient si fort, qu'il avait reconnu, dans les exorcismes des personnes possédées, que ces esprits malheureux, résistant à bien des choses, étaient obligés de céder à cette sorte de pénitence. »

Dans tout ceci, il faut remarquer que, pour garder de justes mesures et ne point aller au delà de l'étendue de la grâce, il est nécessaire de prendre avis d'un sage directeur : il y a du péril de tous côtés, ou de ne vouloir pas assez faire, ou de trop vouloir faire : ces deux manières font sortir de l'ordre de Dieu ; le remède est une simple obéissance. Dieu nous propose les austérités admirables des saints, non pas toujours pour les imiter en tout, mais pour nous confondre dans notre lâcheté et dans la négligence où nous sommes de pratiquer celles qu'il demande de nous. Le diable et l'amour de nous-mêmes se glissent partout. On ne peut croire jusqu'où va l'attache à sa propre volonté, et comme elle se mêle subtilement et imperceptiblement dans les choses les plus saintes. On lit sur ce sujet une chose bien étonnante du bienheureux Henri de Suso : que Notre-Seigneur lui ordonna de quitter ses austérités corporelles, parce qu'elles étaient infectées de l'amour-propre, quoique d'un côté elles fussent si rudes que la seule lecture en fasse peur ;

d'une autre part, il en avait une si grande aversion naturelle, que la seule résolution qu'il prenait de les faire lui faisait jeter quantité de cris et de larmes, et le faisait trembler. Qui aurait jamais pensé qu'après cela l'amour-propre se fût trouvé dans ces pénitences?

CHAPITRE SIXIÈME

De son esprit de mort à la vie spirituelle.

Le grand mouvement de sa grâce le portait particulièrement à écrire, à exhorter toutes les âmes à l'amour de la vérité. Il travaillait de toutes ses forces à l'établir de tous côtés. Une de ses plus grandes joies était de s'en entretenir. Il combattait de toutes ses forces la vanité et le mensonge des pernicieuses maximes du monde. Il dit ces paroles dans une lettre à une religieuse : « Je ne vous le dissimule point, il faut rompre toutes vos correspondances avec les grands esprits, et tous les desseins que vous avez de conserver leur appui et leur commerce; ne vous retenez que ce qui vous attire à Dieu. »

Ecrivant à une autre, il lui dit : « Fuyez comme la peste la conversation des gens qui ne vous parlent pas de Dieu ; méprisez ce grand appareil de raisonnement que la nature vous donne. Le cœur qui a le goût de Jésus-Christ donne bientôt des marques que toutes ces conversations lui sont à charge. » Son sentiment était que dans les communautés il ne fallait admettre de conversations que pour Dieu ou pour la pure nécessité.

Il avait un très-grand éloignement des maximes erronées du siècle et de ceux qui les favorisent. C'est ce qu'il marque fortement à une religieuse dans une lettre : « Je vois par votre style la hauteur de votre esprit. Dieu nous garde de vos idées; cela me noie, c'est-à-dire je ne sais par où m'y prendre. Il me semble que votre cœur est devant le trône de Jésus-Christ comme un lion, au lieu d'être un agneau. Votre première nécessité est de devenir comme un enfant. J'appelle hauteur d'esprit celle qui va dans la sagesse des beaux esprits et dans la réflexion des subtilités. Je m'étonne que la douceur de la grâce en l'étable de Bethléem ou au prétoire de Pilate ne vous gagne pas tout à fait le cœur. Vous mettez votre vertu et toutes vos forces dans votre raisonnement, et moi c'est ce que je méprise. »—« Non, s'écriait-il, toutes ces belles qualités naturelles ne sont pour moi que du fumier. Tout ce qui ne va pas à Dieu court avec vitesse dans la mort. »

Il dit, dans un lettre à un religieux de la Compagnie, « qu'il ne peut faire état de lui-même ni de

ses talents ; que cela l'oblige à prêcher en toute
simplicité, sans se mettre en peine de la politesse
du monde ; qu'il ne peut rien estimer ni goûter
avec joie que les choses divines; que tout le reste
le lasse et lui fait peine; qu'il lui semble que tout
ce qui est naturel en lui se perd pour être employé
dans le divin amour. » Il disait « qu'à la vérité cet
esprit paraissait folie aux âmes trop humaines,
mais qu'il prie Dieu qu'il lui donne de telles folies ;
qu'il aime mieux avoir une folie méprisée de tous
qu'une sagesse qui est encore plus contraire à l'esprit de Jésus-Christ; que la force humaine fondée
en hauteur d'esprit est l'un des plus grands ennemis de l'esprit du Fils de Dieu ; que c'est une chose
étrange que l'attache à son propre jugement, que
c'est un miracle de le voir abaissé sous les maximes de l'Evangile. »

Parlant à la Mère Jeanne des Anges d'une
personne dont il prenait soin, qui était un homme
de grande vertu, mais qui se confiait aux lumières
de son esprit, il assure que le soin de cette âme
lui est une plus grande affaire que de l'avoir
exorcisée. Il disait « que toute la grande application
doit aller à renoncer à ses lumières pour ne suivre
que celles de Jésus-Christ. » Il estimait « qu'on
abrégerait beaucoup de chemin dans les voies

intérieures, si l'on appliquait toutes les oraisons et tous les soins à ce renoncement; qu'il fallait, pour ce sujet, rejeter toutes ses anciennes idées et n'y plus retourner. »

Dans une lettre qu'il écrit à monsieur son père, il lui fait remarquer « qu'à la vérité la disposition extérieure des choses contribue au service de Dieu, et quand elle se rencontre qu'il ne la faut pas négliger ; cependant, qu'il faut s'en rendre indépendant, par la mortification de l'esprit, dont il faut faire un sacrifice. »

Le serviteur de Dieu, dans la pureté de la grâce, éprouvait un éloignement indicible de ces personnes trop naturelles. Dans une lettre qu'il adresse à une de ces personnes, il assure « qu'il ne continue à lui écrire que dans l'espérance qu'il a que son esprit naturel se rangerait à la petitesse et à la simplicité de la grâce; qu'il avait souvent eu désir de ne lui plus écrire, voyant l'opposition de son esprit à la simplicité chrétienne; que pour lui il regarde comme folie tout ce qui est hors de cet esprit, et comme un temps perdu tout autre entretien; qu'il ne peut supporter ce qui est éloigné de l'air des enfants de Dieu et des maximes de Jésus-Christ; qu'il voudrait bien terrasser la prudence humaine; qu'il fallait tâcher de faire un

monde nouveau aux pieds de Notre-Seigneur, et
qu'il fallait sacrifier à l'esprit divin notre propre
esprit. »

« Ce n'est pas encore assez, disait-il, de mourir
à tous nos appétits, goûts, sensualités et desseins,
mais il faut mourir aux opérations de notre vie
spirituelle et naturelle, afin que Dieu règne et
fasse en nous ce qui lui plaira. Ah ! Dieu ! quelle
différence entre la vie de l'homme raisonnable et
de l'homme chrétien, à celle de l'homme de
grâce et de l'homme de Dieu ! Que leurs maximes
sont éloignées, que leurs avis et leurs conseils
sont opposés, aussi bien que leurs actions ! »

CHAPITRE SEPTIÈME

De son esprit de mort à l'égard des sciences.

Celui qui est véritablement mort à l'esprit par le dégagement de toutes choses arrivera heureusement, avec la grâce de Jésus-Christ, au détachement des sciences qui en sont les richesses. C'est la hauteur de l'esprit orgueilleux qui produit les hérésies et les schismes. Nous en avons un exemple épouvantable en la personne de Labadie, qui avait été religieux et une personne de vertu et d'exemple, ce qui lui avait attiré le respect des peuples et l'estime et l'approbation de ses supérieurs. Mais, s'étant laissé aller à la vanité de ses pensées, il tomba dans les piéges du diable. Cet esprit artificieux, se transformant en ange de lumière, se faisait voir à Labadie en différentes apparitions, prenant la forme et la figure des saints. En ayant un jour entretenu une des personnes les plus éclairées, le Père Condran, ce saint homme découvrit aussitôt ces illusions et dit : « Voilà un homme trompé. » Labadie eut ordre de conférer de son intérieur avec le Père Surin. L'homme de Dieu y donna tous ses soins, pour empêcher la ruine de ce misérable. Dans ce but, il n'oublia rien pour ôter de lui la grande suffisance qu'il y remarquait. Comme cet homme avait beaucoup d'esprit, qu'il était homme de lettres, il mettait sa force dans ses raisonnements, en cela bien éloigné du Père Surin, qui, ayant beaucoup d'esprit et d'étude, sacrifiait son esprit et sa science aux pieds de Jésus-Christ crucifié. Le fort du raisonnement du Père Surin avec Labadie était qu'il fallait renoncer à ses lumières et les abandonner, pour se soumettre aux lumières des autres et particulièrement des supérieurs. Mais cette maxime ne tombait pas dans le sens de Labadie. Cet esprit suffisant lui disait que cet assujettissement était bon pour lui ; qu'il n'irait pas loin se soumettant de la sorte, et que la dépendance lui lierait les ailes. Le Père Surin lui remontrant doucement qu'il avait peur que le diable le trompât, il reçut cet avis avec des rebuts et une suffisance insupportable. Comme il était vrai qu'il était séduit, de trompé il devint trompeur. Il quitta l'état religieux, sous prétexte d'une juste dispense, et s'engagea dans de nouvelles doctrines ; ce qui donna occasion de rendre sa sortie plausible à un grand nombre de personnes, qui lui promirent des chaires dans les premières églises, où il prêchait avec un grand concours de peuples et un fort grand applaudissement de ceux qui le soutenaient. Mais les louanges ne servaient qu'à augmenter son orgueil et à le faire tomber tout à fait dans le précipice, car il s'engagea avec les calvinistes; et, après avoir donné une longue et pernicieuse lettre au public pour justifier sa malheureuse conduite, cet homme trompé a séduit les peuples et a fait des maux incroyables.

Le serviteur de Dieu, considérant cette chute, reconnaissait qu'il eût fait le même naufrage, sans la soumission aux lumières de ses supérieurs. « Je rends, disait-il, témoignage à la vérité : si Dieu eût permis que le démon m'eût fait secouer le joug de l'obéissance et de l'assujettissement de mon propre esprit, je fusse tombé dans la perdition plus malheureusement que lui. C'est à la grâce que je dois ce bonheur d'avoir persévéré dans mon état. Tout ce que je puis dire est que je chanterai éternellement les miséricordes du Seigneur. Je ne puis assez dire combien, en cette navigation périlleuse, Notre-Seigneur m'a fait de bien. »

« L'Esprit de Dieu, disait-il, est humble,

simple, patient. » — « Quelle différence, s'écriait-il,
entre la façon de prendre les choses divines par la
force de notre raisonnement, ou les recevoir avec
un cœur pieux et humilié par la lumière divine ;
entre ceux qui sont habitués à la lumière qui vient
de l'oraison ou ceux qui suivent les lumières de
leur propre science ! »

Mais si la science est dangereuse, étant une
occasion d'orgueil, selon la doctrine du Saint-
Esprit, parmi les personnes qui par leur état sont
obligées d'en avoir et qui doivent dans l'ordre de
Dieu s'appliquer à l'étude, dans quels dangers
s'exposent celles qui s'y engagent hors de cet ordre
et d'une manière qui ne convient pas à leur
profession !

Il disait « que tous les livres curieux parmi les
vierges religieuses leur devaient brûler les mains ».
Plût à Dieu que ces savantes qui ont bien étudié
fissent réflexion sur cette doctrine de l'Esprit de
Dieu ! Qu'elles considèrent que si l'apôtre des
nations ne connaît d'autre doctrine que Jésus-
Christ crucifié, c'est ce qu'elles doivent faire.
Dans leur retraite et leur état, les livres qu'elles
doivent lire, ce sont ceux qui instruisent de la
manière de se mortifier en toutes choses, de bien
aimer la pauvreté, le mépris et la douleur : c'est en

ces choses que consiste la science des saints. Car ce n'est que l'amour de la croix et de la vie abjecte qui nous rend grands aux yeux de Dieu et des saints anges.

Ce qui faisait dire au Père Surin : « Toute ma doctrine est une science d'abnégation et de crucifié. » Ecrivant à une personne, il dit : « Notre-Seigneur donne ici une communication bien plus douce que les plus agréables qui se trouvent à la cour, et plus noble que celle des plus subtiles philosophies. Nous y parlons de la bonté, de la grandeur et de la magnificence de Dieu, des trésors de la science et de la sagesse cachés en Jésus-Christ, du plus pur amour de Dieu, de ses voies miséricordieuses, de la pratique des conseils évangéliques, de cette Lumière venue au monde, que le monde n'a point connue, de la manière ineffable dont Dieu se communique à ceux qui l'aiment, des travaux intérieurs de l'âme. Voilà les choses qui sont dignes de nous occuper en cette vie ! »

CHAPITRE HUITIÈME

De son esprit de mort au point d'honneur.

« Quel moyen de s'arrêter à Jésus-Christ crucifié, d'étudier à son école sur le mont du Calvaire, d'où il donne de si divines leçons de la chaire de sa croix, et de faire cas du point d'honneur? Un prince, jetant les yeux sur un crucifix, sur l'image de ce Dieu mourant dans la dernière des ignominies, s'écria : « Pensez-vous que l'on croie cela? » Il voulait dire que si on le croyait, il ne serait pas possible de vivre dans les sentiments où l'on est. « Non, disait le Père Surin, je ne puis penser qu'il y ait rien dans le cœur que l'exemple de Jésus-Christ ne nous oblige de quitter, et en particulier ce vieux haillon délabré de notre propre intérêt, qui est notre faux honneur. Comment une âme, ajoutait-il, peut-elle plaire à Dieu quand elle a cent pensées de son honneur, de sa réputation, de son crédit, choses qu'il faudrait avoir immolées à Jésus-Christ comme des victimes, à la porte du prétoire, où il a perdu son honneur ? »

Il estimait « que l'humiliation était la chose du monde la plus à désirer, qu'il n'y avait rien qui nous fit entrer plus avant dans les bonnes grâces d'un Dieu fait homme. » Il a pratiqué ce qu'il dit avec une fidélité admirable. Son esprit de mort au point d'honneur ayant été une de ses grâces particulières, il regardait l'état des plus grands mépris comme le souverain comble de la grandeur. Il en faisait le sujet de ses plus ardents désirs, et il assurait « qu'il y avait aspiré toute sa vie ; que, pendant qu'il était possédé du démon, son cœur se trouvait rempli d'une joie indicible, ce qui lui faisait dire : « Je m'y trouve si délicieusement, que je souhaite « d'y passer le reste de mes jours. » Aussi est-il vrai que les anéantissements qu'il a portés ont été si extrêmes, qu'il pensait qu'on pouvait leur appliquer ces paroles du prophète : « Souvenez-vous des enfants d'Edom et de ce qu'ils firent aux jours de Jérusalem, quand ils dirent : *Rasez-la, rasez-la jusqu'aux fondements*, » puisqu'on le considérait comme une personne anéantie et perdue à tout ce qu'il y a d'estimable. Aussi était-ce sa doctrine « qu'il fallait tout sacrifier, que le sacrifice d'holocauste dû à la grandeur de Dieu demande entièrement que la victime soit immolée, sans qu'il en reste rien. »

CHAPITRE NEUVIÈME

De son esprit de mort à l'amitié des créatures.

Il y a des amitiés raisonnables ; il y en a même
de saintes. On ne doit pas blâmer ce qui est raisonnable ; on doit louer ce qui est saint. Mais
l'amour-propre qui est en nous porte le déréglement partout et y cause de l'imperfection. Il servi-
rait peu d'être détaché des richesses, des plaisirs,
des honneurs, si l'amitié des créatures nous tenait
encore liés. Il faut qu'il n'y ait plus rien en nous-
mêmes de nous-mêmes. C'était le sentiment du
Père Surin, qui, dans ses lettres, dit : « Le dépouil-
lement des créatures est nécessaire. Mais comment
sont disposées à ce dégagement les personnes qui
ne peuvent se passer de quelque autre pour
contenter leur inclination affectueuse, et pour lui
dire tout ce qui pèse sur leur cœur et y prendre
des satisfactions qu'il faudrait étouffer dès leur
naissance ? Ces âmes ont autant de chaînes qu'elles
ont de choses qui les touchent et les regardent. »

C'est encore ce qui faisait dire au Père Surin à une personne : « Il faut tout de bon que vous retiriez le contentement que vous pouvez prendre dans les créatures, et renoncer aux satisfactions qui viennent de leur amitié. Si vous ne le faites, je vous déclare que jusqu'à votre mort vous aurez l'âme pleine d'amertume, Dieu ne voulant point de cœurs partagés ; que l'on ne doit tenir à personne, sous quelque prétexte que ce puisse être ; qu'il faut paraître à tous ne se soucier que de Dieu, faisant fort peu de cas de ce que l'on peut penser de ce détachement. »

Parlant de la liaison qu'il a eue avec la Mère Jeanne des Anges, qui a été une liaison très-grande de grâces, il assure « qu'il n'y a rien d'humain et de naturel, qu'il n'y a que Dieu seul qui fait cette union. » C'est pourquoi cette vertueuse Mère lui ayant mandé qu'elle eût bien désiré le voir à la fin de sa vie, il lui répondit « qu'elle se dépouille de ce désir, qu'il n'y a rien de désirable que Dieu ; que, quoiqu'il la voulût bien voir, si la divine Providence en disposait de la sorte, cependant qu'il lui semble que le désir qu'il en a est facile à quitter. »

Il estimait « que le chemin qui nous mène à Dieu est une grande amplitude par le délaissement général de toutes les créatures et par le goût de l'infinie grandeur de Dieu ; que, pour ce sujet, il fallait vider l'âme de toutes les choses créées et de soi-même, la laissant en Dieu si pleine et si contente, que rien ne la peut fâcher en ce monde. »

Il enseignait particulièrement, aux âmes désireuses de la perfection, « qu'il fallait copier les Thérèse, les Catherine et autres grandes amantes de Jésus-Christ ; que l'âme qui ne réserve dans son cœur aucune attache est capable des grandes grâces de Notre-Seigneur ; que toute sublimité de sentiment pour Dieu devait se terminer à cet esprit parfait de mort ; qu'il ne fallait point aller à Dieu à demi, ni composer avec lui ; que les gens de bien même, si l'on n'y prenait bien garde, étaient un grand empêchement à la pure union avec Dieu ; que l'on devait imiter saint Laurent Justinien, qui disait *qu'il vivait parmi les gens de Dieu comme s'il eût été dans les déserts d'Afrique.* »

C'est ce qui l'obligeait de recommander fortement à ne se pas trop engager dans les bonnes conversations. Dans une lettre à une religieuse, il lui dit : « Si vous ne voulez point perdre le temps, ne souffrez point du tout de fréquentes visites dans les parloirs, même de religieux, sous prétexte qu'on aime leur institut. » Il mande à une autre « qu'elle fera une chose digne de Dieu, de ne se point laisser aller aux besoins que quantité de celles de son sexe s'imaginent avoir de parler beaucoup avec les hommes ; que ces communications fréquentes sont un grand abus qui tient toujours les âmes petites, fragiles et captives. »

Il écrit à une autre religieuse qui lui avait fait savoir que la conduite d'un serviteur de Dieu était divine, et qu'elle recevait une grande satisfaction dans l'explication qu'il lui faisait de la sainte Écriture : « Ces liaisons sont bien à craindre, quelque prétexte qu'il y ait. Vous dites que sa conduite est divine ; c'est une grande parole qui se vérifie en bien peu de personnes ; je vous prie d'examiner devant Notre-Seigneur si cette affection que vous avez ne tend à l'humain. C'est un grand mal aux âmes de sortir tant soit peu de l'esprit de mort. Les liaisons qui viennent de l'esprit de Dieu crucifient la nature, mettant dans le recueillement, rendant les vérités de la foi plus nettes, déterminant davantage à l'esprit d'une entière mort ; les autres se terminent à la distraction, à l'égarement, à la dilatation dans l'extérieur, et retirent du recueillement. »

C'est ce qui le rendait exact à ne rien souffrir d'humain dans les personnes qui avaient quelque rapport avec lui. Il leur disait « que si elles voulaient qu'il reçût volontiers leurs lettres, qu'elles lui écrivissent toujours sans compliment, sans lui marquer aucune reconnaissance et aucune affection; que ces choses, bien loin de lier avec elles, lui donnaient de la froideur et de l'éloignement ; qu'il ne se faut point consoler avec la créature, mais uniquement en Dieu seul. »

Il gémissait avec le bienheureux Jean de la Croix sur le peu de personnes qui entraient dans l'esprit de mort de l'Évangile, et pour eux et pour les autres. « Je vois, disait-il, si peu d'âmes courageuses qui aillent à Dieu seul sans réserve ! » Il disait « qu'il ne pouvait s'empêcher de serrer bien avant dans son cœur les personnes qui lui étaient les plus opposées, qu'elles lui étaient bien chères, parce qu'elles l'étaient à Jésus-Christ, et qu'il nous fallait toujours agir en sa divine union. »

Le Père Surin était élevé à un état si haut dans le pur amour, qu'il voyait Dieu en tout; il l'aimait si uniquement, qu'il a assuré à des personnes « qu'il effacerait de sa mémoire les personnes les plus chères, s'il les voyait autrement qu'en Dieu. »

CHAPITRE DIXIÈME

De son esprit de mort aux biens surnaturels.

C'est un défaut très-commun parmi les personnes spirituelles de s'attacher à de certains moyens; c'est encore une erreur fort ordinaire de s'imaginer que la véritable dévotion y consiste, ou de s'inquiéter dans la privation des lumières et des goûts sensibles, comme si la dévotion ne consistait pas dans la détermination forte et prompte de la volonté de servir Dieu selon son bon plaisir. Le serviteur de Dieu remarquait « qu'il arrivait souvent à l'âme qui tend vraiment à la perfection une grande épreuve dans la soustraction de tout le sensible; mais que, pour lors, il faut s'armer de la foi, s'arrêtant à ce que l'on croit, sans se mettre en peine de ce que l'on sent. Par exemple, la foi apprend que Dieu est esprit, qu'il veut être adoré en esprit, et qu'ainsi il le faut servir de la sorte, sans se mettre en peine du sensible; qu'il faut renoncer à toutes choses, sans se limiter à de certaines, et ne se lasser jamais ; que le moyen de trouver Dieu est de ne s'attacher à aucun sentiment qu'il donne ; qu'il ne se faut point mettre en peine de la manière dont il nous traite, que la liaison que nous devons avoir avec lui doit être plus intime que le sentiment ; que nous devrions sans cesse marcher dans la vérité, qu'il ne se faut pas toujours sentir et qu'il ne se faut jamais détourner de la solide recherche de Dieu, qui demande un dégagement de toutes choses et du goût même de l'âme. »

C'est pourquoi Dieu, toujours bon et très-miséricordieux, a coutume de sevrer les âmes. Dans cette vue, notre serviteur de Dieu écrit « que, depuis l'une des fêtes de la sainte Vierge à la fête de saint Joseph, il a eu de grands mouvements de sortir de toutes ces opérations douces et sensibles ; qu'il en a fort prié Notre-Seigneur, qui lui a donné en ce sujet un secours fort notable. »

La Mère Jeanne des Anges ayant fait de grandes préparations pour la fête de la Purification, tout à coup les larmes, qui lui coulaient auparavant à torrents, lui furent ôtées, ainsi que toutes les tendresses de dévotion qu'elle goûtait dans une joie inexplicable. Fort étonnée de cela, elle s'imaginait n'être pas bien ; elle fit part de son état à l'homme de Dieu. Le Père Surin lui dit : « Voilà, ma fille, le don de la sainte Vierge qui nous a tirés de l'enfance pour nous donner une nourriture solide. » Cette fille avait ensuite tant de lumières de cette vérité, qu'elle s'écriait : « Que d'imperfections dans les larmes ! Que d'amour-propre dans les tendresses ! Que de recherche de soi-même dans les douceurs ! »

Le Père Surin remarquait une tentation dans l'état de peine dont le diable afflige quelquefois les personnes qui commencent à servir Dieu : c'est qu'il leur embrouille tellement l'esprit et leur fait voir les voies du salut si affreuses, qu'elles se mettent dans l'imagination qu'il vaut mieux aller à Dieu par une voie plus commune et ordinaire, n'étant pas sujette à tous ces travaux. « C'est dans la foi, disait-il, que le bien solide de l'âme se trouve, et je voudrais, ajoutait-il, avoir une voix de trompette et une plume d'airain pour le prêcher et pour l'écrire. »

Le serviteur de Dieu assurait « qu'une personne qui travaille avec peine, sans satisfaction et goût sensible, peut non-seulement arriver à la perfection, mais obtenir de Dieu de très-grandes et admirables bénédictions ; qu'une âme qui ne sent aucuns goûts dans tous ses exercices et qui n'en veut jamais sentir, à qui la seule foi suffit, sera inondée d'une multitude des plus précieuses grâces du ciel. »

Dans cet état de pure foi, il faisait un sacrifice général de tous ses meilleurs desseins, de tous ses emplois, de tous les biens qu'il pouvait faire avec le secours divin. Écrivant, au sujet de son retour à Loudun, à M. de Laubardemont, pour lors intendant de la province, il lui dit : « Je me suis mis devant Dieu dans une parfaite indifférence, modérant l'affection que Dieu m'a donnée pour cette affaire et la réduisant aux termes d'une absolue dépendance de son pouvoir. »

C'était l'une de ses remarques « qu'il fallait modérer l'inclination trop active dans les meilleurs desseins et les plus saints exercices ; que c'était une maladie fort générale qu'il fallait guérir par la mortification des saillies de la nature. » Non-seulement il modérait ses affections à l'égard de ses meilleurs desseins, mais il prenait ses délices à les perdre tous dans le bon plaisir de Dieu. Écrivant à une personne qui voulait lui communiquer ses états intérieurs, il lui mande « qu'il ne faut rien vouloir du tout, pour demeurer parfaitement libre ; qu'il n'est trompé en rien, parce qu'il ne s'attend à rien. »

Son esprit de parfaite mort a paru d'une manière

7

admirable dans le détachement d'une chose où la plupart des personnes spirituelles se trouvent arrêtées, dans l'affaire du salut. Ce saint homme, rejetant toutes sortes d'intérêt, quelque saint qu'il pût être, n'admettait que le seul intérêt de Dieu seul. Sa constance immuable dans cette vue de Dieu seul l'a rendu admirable dans la force et dans la persévérance, Dieu ayant permis au diable de l'obséder en s'emparant de son imagination, de telle façon qu'il obscurcissait toutes les puissances de son âme jusqu'à lui persuader qu'il était réprouvé. L'impression du malin esprit était telle et si extrème, qu'il croyait que c'était fait de son salut et qu'il serait éternellement damné pour ses crimes, quoiqu'il n'en eût jamais commis, ayant conservé son innocence baptismale. Cette impression dura vingt ans dans une désolation générale de toutes parts.

Son âme, au milieu de ces orages, demeurait pure devant Dieu et tellement unie à lui que, quoiqu'il pensât en être séparé pour jamais, il lui rendait le plus héroïque témoignage de son parfait désintéressement. Au milieu de ses peines de l'enfer, on le voyait monter en chaire et y parler avec tant de force du divin amour, que ses auditeurs fondaient en larmes. Qui aurait pu conjec-

turer les moindres choses de son état crucifiant !
Que les auditeurs auraient été étonnés s'ils eussent
su que le prédicateur qui les exhortait si divinement à l'amour de Dieu eût été persuadé qu'il ne
l'aimerait jamais ! Comment tant d'amour dans un
homme qui pensait n'en point avoir ! Mais, dans la
vérité, pour lors le divin amour régnait dans toute
la pureté au plus profond de son âme. Il disait aux
personnes de confiance qui savaient ses peines
« qu'il prêchait toujours le divin amour, qu'il y
exhortait incessamment tout le monde, à raison du
mérite de Dieu ; que, quoiqu'il vît que, par sa faute,
il s'était rendu indigne de l'aimer et qu'il n'aurait
jamais de part aux bienfaits de son amour, cependant qu'il n'oublierait jamais rien pour l'établissement du divin amour : il suffit que Dieu le mérite,
disait-il ; il ne nous faut considérer que le seul
mérite de Dieu seul. »

CHAPITRE ONZIÈME

De la nécessité de l'esprit de mort.

Il est difficile de méditer la doctrine évangélique de ce saint homme touchant la sainte haine de soi-même, sans en recevoir des lumières ardentes qui nous découvrent et nous fassent aimer la pureté du dégagement de toutes choses. Sa vie chrétienne et religieuse, qui n'était qu'une vie de mort, est quelque chose de bien puissant pour nous animer à nous revêtir de cet esprit de mort en la vertu de Jésus-Christ, à son imitation. Il était mort à toutes choses, à son corps, à ses sens, à la vie animale et spirituelle, à tout ce qu'il avait de plus cher en ce monde, à ses parents, à ses amis, à sa réputation, à son honneur, aux moyens même les plus saints. Son cœur, saintement généreux pour Dieu seul, portait un vide entier de tout ce qui n'était pas Dieu. Aucune créature n'y avait plus d'entrée ; il n'était ouvert qu'à Dieu seul. Cet illustre mort n'avait pas une nature plus excellente ni plus forte

que la nôtre. Il a eu plus de tentations, de difficultés, plus de croix que nous; mais il s'est sur-
monté lui-même avec le secours de la grâce, et
nous nous laissons vaincre. Il a résisté fortement
aux démons par la grandeur de sa foi, et nous leur
cédons par la faiblesse de la nôtre. Il a mortifié
son esprit et toutes les inclinations de la nature
corrompue, et nous vivons toujours de la vie du
vieil homme, suivant ses mouvements et nous
laissant emporter à ses affections.

CHAPITRE DOUZIÈME

De l'amour du Père Surin pour Jésus-Christ.

Ce qui a paru d'une manière admirable en la personne du Père Surin est la pureté de ses lumières, aussi bien que de ses mœurs et des plus secrets mouvements de son cœur, qui ont été une vive expression des sentiments de Jésus-Christ;. car il a paru comme un modèle extraordinatre de son esprit de mort et comme un exemplaire merveilleux de sa sainte vie et de ses divines actions. En tous ces états, Dieu, très-bon et très-miséricordieux, nous l'a proposé en ces derniers temps, pour nous soutenir dans nos faiblesses et nous animer au renoncement de nous-mêmes.

Son union avec Jésus-Christ était admirable. Il était si transformé en lui, que bien des fois, perdant miraculeusement sa forme extérieure, comme je le dirai dans la suite et l'autoriserai par des exemples authentiques, on ne voyait en lui que la figure de Jésus Christ Les effets d'une union si étroite ont été si grands, que j'ai cru les devoir honorer par le silence, ne les voulant pas exposer au public, qui n'en est pas capable.

Comme la marque la plus sûre que l'Écriture nous donne de la demeure de Jésus-Christ dans une personne est l'imitation de sa vie divine, c'est à ces marques que nous verrons combien l'union du Père Surin a été grande par ses actions, qui ont été une image vivante de la vie de ce divin Sauveur. Nous le verrons dans la pauvreté, le mépris, la douleur, comme son Maître. Nous le verrons, à son imitation, plongé dans l'humiliation et la confusion, chargé d'opprobres. Nous le verrons patient, obéissant, consommé de croix, afin que la vie de Jésus-Christ soit manifestée dans celle de son serviteur.

Ce qui avait contribué à embraser son cœur de l'amour de Jésus-Christ était qu'il avait été blessé dès sa jeunesse, lorsque Dieu lui découvrit son infinité, son éternité, sa beauté et sa bonté. Ces vues, comme autant de rayons enflammés, lui avaient allumé dans le cœur des feux et des brasiers qui le brûlaient amoureusement. Mais ces feux, devenant plus ardents, lui firent de plus profondes plaies. Il en reçut une nouvelle à Loudun, pendant qu'il récitait les Litanies des saints avec les autres Pères de la Compagnie. Dans un instant, il se sentit frappé comme d'un dard que l'Époux sacré lui jetait bien avant dans le cœur, qui lui fit une plaie très-douloureuse et très-douce et le laissa dans des langueurs douloureusement aimables. Cette opération très-forte du divin amour le jeta dans des défaillances et des pamoisons si extrêmes, qu'elles lui ôtèrent la parole. Les assistants, qui ignoraient ce qui se passait en lui, crurent qu'il était subitement tombé dans quelque grande maladie. Il lui arriva, pendant un temps considérable, que cette plaie se renouvelait une fois par jour, ce qui le faisait mourir à tous les instants et lui faisait faire des progrès considérables. Son cœur, son âme et ses puissances, se trouvant heureusement dilatés, furent, au divin Amour, des sujets de lui faire de nouvelles faveurs.

Plusieurs années avant sa mort, il reçut le Saint-Esprit tout de nouveau, par des opérations d'un amour consumant. Cela lui arriva lorsqu'il célébrait le saint sacrifice de la messe; il se sentit transpercé d'un dard sacré, blessure qui dura depuis ce jour jusqu'à la fin de sa vie. Toutes les fois qu'il célébrait le saint sacrifice, il était navré par de nouvelles plaies du divin amour, en sorte qu'après tant de dards et de flèches décochés coup sur coup, qui pénétraient jusqu'au centre de son âme, il dit à une personne de confiance, en lui écrivant, « qu'il portait des impressions d'un amour si consumant, qu'il avait de la peine à les supporter; qu'elles étaient si véhémentes, qu'il pensait qu'elles le feraient mourir, et qu'ainsi il ne croyait pas vivre encore longtemps. »

Ce qui lui causait encore une langueur continuelle était son amour pour Jésus-Christ. « Mon cœur, s'écriait-il, soupire et languit toujours après le tout aimable Jésus; mon âme est dans un continuel gémissement pour lui. » Parlant d'une incommodité qu'il avait eue, il assurait « que la pensée qui lui était venue qu'il en pourrait mourir lui avait donné une joie incroyable et si excessive, qu'il ne la pouvait supporter, dans la vue que la mort lui ferait voir son adorable Maître; que son état ordinaire était d'attendre sa venue, que sa bonté était un charme qui emportait tous ses soins. »

Il souhaitait que tous les chrétiens eussent devant les yeux une des règles de son institut, qui dit « qu'il faut être mort au monde et à l'amour-propre, pour vivre seulement à Jésus-Christ, le tenant pour toutes choses. » Il écrit à une supérieure des Carmélites « qu'il faut faire un établissement invariable en Jésus-Christ, ne recevant et n'agréant la vie que pour lui. »

Le feu sacré de son amour était si fortement allumé dans son cœur, que toutes les eaux des contradictions qui vinrent fondre sur lui comme des vagues d'une mer agitée ne servaient qu'à l'allumer davantage. C'est ce qui lui fait dire dans une de ses lettres : « J'ai un feu toujours allumé au-dedans de mon cœur pour Notre-Seigneur Jésus-Christ, que je ne sens jamais éteint ni languissant. Je ne saurais dire combien cet adorable Sauveur me fait sentir d'amour pour lui, et combien il augmente, par les contrariétés, dans les choses qui lui peuvent donner de l'étendue. »

Dans une autre de ses lettres, il s'écrie : « Parmi les gens du monde, l'un dit : « Ma vie est le jeu; » l'autre : « Ma vie est la chasse. » Pour moi, ma vie est Jésus-Christ. C'est en lui seul que je mets tout mon plaisir. » Il ajoute « qu'il ne peut penser à autre chose qu'à son amour, qu'il est prêt à parler de cet amour à tout ce qu'il rencontre de personnes disposées à l'entendre, particulièrement aux personnes fort simples ou à celles qui sont enivrées de la divine dilection; qu'il ne se lassera jamais de parler de ses mystères. » Il en prêcha un jour durant quatre heures aux religieuses de la Visitation de Bordeaux, avec une ferveur inexplicable, quoique son corps fût dans de grandes faiblesses.

Mais les excès de l'amour de Jésus crucifié faisaient sa grande occupation intérieure. Deux ou trois ans avant sa mort, il écrivait « que sa grande occupation était sur les tourments de la passion de Notre-Seigneur; ce qui le mettait dans une disposition à verser des larmes perpétuelles. » Il disait « que les promenades des chrétiens doivent être dans le jardin des Oliviers, où il a eu son agonie ; nos visites, chez Anne, chez Caïphe, au prétoire de Pilate et au palais d'Hérode, où Jésus-Christ a tant souffert. »

Il disait « que son sacré côté ouvert était le lieu où le divin amour s'était fait une retraite pour y loger les fidèles, qui, poursuivis par leurs ennemis, s'y réfugient comme dans une forteresse; que le divin amour y régnant comme dans son palais, il y admet les âmes qui, étant les vraies délaissées du monde, le quittent aussi de bon cœur et y brûlent comme dans une fournaise des douces flammes de cet amour; ne trouvant ni plaisir ni joie dans ce qui est créé, elles trouvent tout leur contentement dans ce refuge, où elles mettent toute leur résidence jusqu'à la mort. » C'est ce qui lui fait dire, au sujet de la Mère Jeanne des Anges, qui était à l'extrémité, qu'il persistait à lui souhaiter le lit où les plus grands saints ont pris leur sommeil, qui est le côté précieux de Jésus-Christ. « Je lui désire, disait-il, cette retraite, pour y demeurer au temps de sa langueur et pour y prendre le dernier sommeil. »

Le grand amour qu'il portait à Jésus-Christ ne s'arrêtait pas à sa Passion, il s'étendait généralement sur toutes ses actions, ses paroles et ses pensées. Jésus-Christ, dans tous ses différents états et mystères, lui ravissait le cœur et emportait toutes ses affections. C'est ce qui lui faisait dire, en plusieurs de ses lettres à différentes personnes, « qu'il faut faire une étroite amitié et une connaissance intime avec Jésus-Christ, qui est la voie, la vérité et la vie ; que tous nos exercices doivent tendre à une continuelle occupation de ses paroles, de ses mystères et de ses vertus ; que toute l'occupation du cœur doit être de l'aimer dans son enfance, dans ses souffrances, dans sa gloire, dans sa doctrine ; que nous devons mettre l'application de notre esprit à ces saints objets, n'y ayant rien où notre amour se doive porter avec plus de force ; qu'il faudrait s'estimer heureux si rien ne nous divertissait d'un emploi si saint. » Et il ajoutait « que ce n'était pas assez d'avoir la pensée ordinaire de Jésus-Christ, mais que nous en devions porter le sentiment sans cesse dans le plus intime de notre âme, et demeurer toujours unis à lui. »

Il estimait que la pensée de la mort était bonne pour s'avancer dans son pur amour, parce que l'âme n'aura point d'autre objet à la mort que Jésus-Christ. Il enseignait « qu'il la fallait subir avec lui et dans l'union de son obéissance, qui l'a porté à en souffrir l'arrêt dans sa dignité ; que l'âme devait se présenter au tribunal de Dieu teinte de son sang et vêtue de ce Fils unique, en qui seul elle doit espérer de lui être agréable, le suppliant d'oublier ce qu'elle est et de ne regarder en elle que lui seul, n'étant d'elle-même que péché et abomination, n'ayant de son cru que misère ; que nous devons nous présenter au Père éternel en Jésus et par Jésus, comme ses membres, et faisant partie de son corps mystique, mettant toute notre confiance en lui ; et qu'il fallait se jeter avec une sainte impétuosité dans le côté de cet aimable Rédempteur, comme dans un asile assuré à l'abri de nos ennemis. »

Jésus était aussi son refuge dans tous ses besoins. Mais l'excès de son amour, qui le fait demeurer sur nos autels, possédait si vivement son cœur, qu'il mettait le bonheur de sa vie à lui tenir compagnie proche de nos tabernacles. Dans le temps de sa demeure à Marennes, il avait obtenu du supérieur une petite chambre à l'écart près de l'église, pour être plus proche de son divin Maître. Il était logé, à Bordeaux, dans une chambre qui n'était pas éloignée de la chapelle dans laquelle on garde par privilége le Saint-Sacrement. C'était le lieu de ses plus ardentes dévotions. Non content d'y exposer amoureusement son cœur, son âme et tout ce qu'il était, en la présence de son divin Roi durant le jour, il se levait les nuits pour lui faire sa cour et donner plus de liberté à ses soupirs, pendant que tout était dans un profond silence, n'ayant que les anges pour témoins de ses langueurs amoureuses. Les incommodités corporelles dont il était exercé ne purent empêcher l'ardeur de son amour, ni qu'il continuât ses visites jusqu'à la fin de sa vie.

Pendant qu'il faisait l'office d'exorciste à Loudun, les démons, forcés par l'autorité de l'Église, déclarèrent que deux magiciens s'étaient saisis de trois hosties consacrées pour les profaner. Une si funeste nouvelle laissa des impressions si inouïes, si fortes et si tendres dans le cœur très-amoureux du Père Surin, qu'il n'est pas possible de les expliquer. Il entra dans une disposition de tout faire et de tout souffrir, s'exposant pour ce sujet au Père éternel pour obtenir la délivrance du corps adorable de son Fils d'entre les mains de ses plus cruels ennemis. Pour cela, il offrait sa vie et son corps pour être au pouvoir des démons, afin de racheter le corps de son Sauveur de son humiliante captivité. Des vœux si saints, des soupirs si ardents, un zèle si pur, un amour si désintéressé et si fort trouvèrent un accès favorable auprès du Père éternel. Les démons furent obligés de tirer les hosties consacrées des mains de leurs malheureux suppôts et de les rapporter, déclarant que ce leur avait été une peine insupportable ; et, à la vue de tout le monde, on les trouva posées par une main invisible aux pieds du soleil où le Saint-Sacrement était exposé pour lors sur l'autel. Mais si les vœux du Père Surin furent écoutés pour la délivrance du corps adorable de son divin Maître, l'engagement de son propre corps à sa place fut accepté. Il demeura obsédé ou possédé du diable, terrible et épouvantable vexation qui lui dura presque toute sa vie, comme nous le dirons dans la suite.

Son union avec Jésus-Christ était si grande, qu'elle ne peut être exprimée que par ses dispositions, les opérations divines étant toutes extraordinaires. Voici comment cette union lui fut accordée. Dans une nuit de la veille de l'Ascension de Notre-Seigneur, il fut éveillé tout à coup vers minuit; et, pour lors, il vit l'adorable Jésus descendre dans la chambre où il était, avec une grande majesté et douceur; et il le vit s'unir à lui d'une manière ineffable. Or, depuis cette heureuse faveur, il lui semblait avoir un nouvel esprit et une nouvelle âme qui était comme l'âme de son âme. Dans cette union, il portait des impressions merveilleuses de ses divins mystères. Il porta à Loudun une disposition singulière de la grâce de l'enfance du Sauveur, en sorte que son âme, dans ses facultés, dans ses idées et ses imaginations, était réduite à la petitesse et simplicité qui avait beaucoup de rapport à celle des enfants. Quelquefois il portait l'opération de l'agonie de Notre-Seigneur, en sorte que son esprit, tout possédé par l'esprit de cet aimable Sauveur, en était tout rempli. Cela se répandait jusqu'à l'extérieur, son corps tombant en défaillance et dans un état semblable à celui des personnes qui sont en agonie, ce qui a été vu par des religieux dignes de foi. Jésus-Christ, pour lors, imprimait tellement en son âme et en son corps les sentiments de son agonie, qu'il devenait une vivante image de ce Sauveur agonisant.

Mais, comme le sacrement de l'Eucharistie renferme les plus hautes grâces dans leur source, et que l'on y trouve non-seulement les moyens les plus divins de liaison amoureuse avec Jésus-Christ, mais Jésus et le Dieu de l'amour, le désir de le posséder par ce sacrement admirable le mettait dans des langueurs indicibles, en sorte qu'il ne savait que devenir. Il a écrit « que le désir de la communion vivifiante du corps de Jésus le faisait mourir d'amour. » Il disait qu'il y avait peu de personnes qui goûtaient cette douceur, parce que l'on goûte trop les créatures.

Ce que dit Jésus-Christ : qu'il est venu apporter le feu divin de l'amour sur la terre, le portait à donner souvent la sainte communion à la Mère Jeanne des Anges, mettant son principal appui contre les démons en Jésus opérant par sa grâce au très-saint Sacrement. Il crut que si cette âme recevait dignement ce sacrement, ce lui serait un grand moyen pour la faire avancer dans les voies du pur amour, ce qu'il souhaitait ardemment et ce que redoutaient davantage les malheureux esprits. Il ne fut pas trompé dans ses espérances, car en peu de temps cette âme fut changée, et la force de la divine Eucharistie parut aussi distinctement aux yeux du Père que paraît celle du feu quand il échauffe les choses froides, et celle du pain à soutenir et réparer les forces du corps ; de sorte qu'il voyait croître peu à peu la dévotion en cette âme, sa liberté augmenter et la tyrannie du démon s'affaiblir.

Comme il ne servait que Dieu seul dans une union intime avec Jésus-Christ, il portait d'une manière puissante les effets que cause une union si sainte. Elle produisit en lui des attraits même sensibles pour tout ce que la nature a le plus en horreur, un parfait mépris de la vie présente, regardant comme rien tout ce que le monde estime davantage, une force et une vigueur admirables pour entreprendre tout ce qu'il y a de plus difficile dans le service de Dieu et pour s'y soutenir au milieu de toutes les contrariétés, une élévation vers les choses célestes et une continuelle impression des biens de l'autre vie. « Il est vrai, disait-il, qu'il se faut dépouiller de toutes choses, persévérer dans cette nudité et tenir son cœur inaccessible à tout désir propre, pour arriver à la parfaite union avec Jésus-Christ et en posséder ensuite les heureux effets. »

CHAPITRE TREIZIÈME

De la dévotion du Père Surin envers la très-sainte Vierge.

Comme le Père Surin possédait la véritable union avec Notre-Seigneur, toutes les pensées de son cœur n'étaient que vers les choses que Jésus aimait. Comme, entre toutes les créatures, la très-sainte Vierge a été le sujet des plus douces complaisances du Fils de Dieu, c'était aussi pour elle que le Père Surin, après Jésus, avait les plus tendres et les plus fortes inclinations. On l'entendait répéter mille fois, dans ces sentiments inexplicables, qu'elle était sa Mère. Aussi Marie lui fit-elle paraître un cœur de mère. Elle fit surtout éclater sa protection envers lui contre les plus furieuses attaques de l'enfer.

Lorsque le Père Surin fut à Loudun pour y faire l'office d'exorciste, il y avait longtemps que tous les sentiments de volupté étaient éteints en lui par une grâce particulière. Mais les démons, qui ne purent supporter une si grande pureté, conspirèrent ensemble pour la lui faire perdre. Isacaron, qui était un des démons possédants, avait entrepris de le porter à la volupté ; il prit un dessein furieux de l'attaquer de toutes ses forces et de triompher, s'il pouvait, de cet homme vierge. Il l'attaqua à force ouverte, le tourmentant sous diverses figures de serpent, de chien ou d'autres animaux. Le plus ordinaire, c'était sous la forme d'un serpent qui s'entortillait sur son corps entre ses vêtements et sa chair. Ce démon disait que le nom d'Isacaron lui avait été donné par des peuples étrangers, qu'il signifiait en leur langue « serpent tortu ». Cette vexation diabolique, sous une forme si monstrueuse et en la manière qu'elle se faisait, causait une horreur naturelle au Père et lui donnait un tourment d'autant plus étrange, qu'elle lui dura plus d'une année sans presque aucun relâche. Ce fut la nuit du 19 de janvier que commença cette obsession secrète, qui l'affligea sensiblement par des tentations extraordinaires contre la pureté. C'est ce qui le pressa tout de nouveau de se mettre sous la protection de la très-sainte Vierge. Il fut inspiré de se représenter la figure de cette divine Mère tenant son Fils entre ses bras. Dès la première fois qu'il se fut formé cette image sainte, il en ressentit les effets, l'opération du démon diminuant; en peu de temps, elle fut amortie. Le Père demeura insensible comme une pierre à toutes les attaques du démon. Ce secours de la puissante Mère de Dieu lui redoubla le courage, lui donna la force de se moquer du diable et lui laissa la liberté de dormir. Le lendemain matin, il s'en alla à l'exorcisme ; ayant demandé au démon, en latin, qui l'avait empêché par rapport à l'attaque secrète qu'il lui avait livrée la nuit, il répondit : « C'est Marie. » Isacaron, qui est comme un autre Asmodée dans ses opérations, ne se lassant point d'attaquer le Père Surin, ce serviteur de Dieu et de sa sainte Mère continua à se servir de son remède avec grand succès. Le démon fit tout son possible pour effacer l'image de la sainte Vierge, que son fidèle serviteur formait sans cesse dans son imagination, tâchant de lui en substituer d'autres qu'il y imprimait si vivement, qu'il y avait des moments où il ne restait aucun vestige de cette image de la Mère de Dieu, que le Père s'était formée avec tant de soin. Dans ce temps, le démon lui donnait de cruelles atteintes ; mais aussitôt que l'image reparaissait, la tempête cessait.

Un si heureux succès causant une extrême confusion aux démons, ils conspirèrent tous ensemble pour se joindre à Isacaron, pour éprouver s'ils ne pourraient pas remporter ce qu'un seul n'avait pu gagner. Pour cela, Léviathan, le premier des démons possédants et le plus violent, qui avait blâmé ses suppôts de leur peu de courage, s'étant saisi d'un corps emprunté, vint une nuit tourmenter le Père d'une manière épouvantable. Mais, tenant ferme dans la représentation de la sainte Vierge, il fut invulnérable ; le démon demeura confus. Après une heure de combat, le Père lui parla avec tant de vigueur qu'il fut obligé de se retirer avec honte. Ces combats durèrent une année, le jour et la nuit, presque sans relâche.

Ce fut le jour de la fête du Mont-Carmel que la lumière commença sensiblement à paraître dans l'esprit du Père Surin, après tant de sombres nuits et de peines de réprobation qu'il avait portées, comme je le dirai.

CHAPITRE QUATORZIÈME

*De son amour pour saint Joseph dans son union
avec Jésus-Christ.*

Toutes les grandeurs de saint Joseph ont pour
fondement l'union qu'il a eue avec Jésus-Christ, à
cause de la part qu'il a eue au mystère de l'Incar-
nation. Il ne faut donc pas s'étonner s'il a été le
saint de la dévotion du Père Surin.

Il y avait plusieurs années qu'il l'honorait d'un
culte particulier avant qu'il vînt à Loudun. Mais
les prises qu'il eut avec les démons en ce lieu lui
servirent pour faire des progrès merveilleux dans
une dévotion si juste et si solide. Ayant accouru
à cet illustre saint avec une grande confiance, il
mit toute l'affaire de la possession sous sa puissante protection par une neuvaine, et il obligea la
Mère Jeanne des Anges, qui était possédée, de le
prendre, durant quelque intervalle où elle était
libre, pour son Père et son protecteur. Ce dessein
d'agir sous la protection d'un si grand saint fit
peur aux démons dès le commencement ; mais

dans la suite ils en ressentirent de si grands effets contre eux, qu'ils furent contraints d'avouer que le Père avait fait une chose bien agréable à saint Joseph. A la fin, Léviathan, le diable de l'orgueil, fut chassé par ce saint, qui apparut à la Mère des Anges, lui promettant la délivrance, et lui ordonna de dire au Père qu'il eût bon courage au milieu de toutes les contradictions qu'il souffrait.

Pour faire voir davantage le secours de saint Joseph, il faut donner quelque connaissance du misérable état où était réduite la Mère Jeanne des Anges, prieure des Ursulines de Loudun. Quoiqu'elle fût encore assez jeune, c'était une fille d'esprit, d'une humeur douce et flexible, d'un jugement solide et d'une santé faible. Comme elle avait un naturel vif et les passions fortes, quoiqu'elle se fût étudiée à les modérer, avec le secours de la grâce, elle était encore bien éloignée de l'esprit de mort où Notre-Seigneur l'appelait, ayant suivi un train de vie commune, sans beaucoup s'appliquer à ce qui était le plus parfait. Il y avait deux ans qu'elle était dans une telle insensibilité de cœur, qu'elle ne pouvait presque s'élever à Dieu et faisait tous ses exercices de piété d'une manière pitoyable, le diable la tourmentant si fort qu'elle ne pouvait presque plus rien faire. L'esprit malin ayant prévenu son cœur par une grande aversion et défiance du Père, par la crainte qu'il en avait, lui fit prendre le dessein de dissimuler beaucoup de choses, ce qu'elle faisait, en ne lui donnant aucune véritable connaissance de son fond. Le diable se vantait qu'il ne souffrirait point que rien pût entrer dans son âme qui fût utile pour la piété. Le Père Surin, considérant toutes ces choses et voyant que les exorcismes étaient sans effet, jugea qu'il fallait avoir recours à Dieu par l'oraison et prendre saint Joseph pour avocat auprès de la divine Majesté. Ce fut sous la protection de ce grand saint qu'il trouva le remède à ses grands maux. Un jour qu'il priait devant le Saint-Sacrement, il eut une inspiration que Isacaron pressait extraordinairement la Mère Jeanne des Anges ; il eut en même temps la lumière de ce qui se passait dans son intérieur ; aussitôt il se rendit près d'elle et lui découvrit ses dispositions intérieures. Elle en demeura fort étonnée, et alors elle sentit pour lui une si grande ouverture de cœur, qu'elle résolut de lui donner sa confiance. La dureté de son cœur lui fut ôtée, et elle entra dans les sentiments les plus tendres d'une sainte dévotion. Les démons disaient qu'ils avaient vu peu d'âmes aller si vite dans les voies du pur amour.

CHAPITRE QUINZIÈME

De son grand amour pour les saints anges.

Le Père Surin, qui avait entendu les démons se
plaindre dans leur malheur infini de ce qu'ils
avaient été perdus pour n'avoir pas adhéré à Jésus-
Christ, avait une merveilleuse dévotion aux bons
anges qui avaient combattu contre ces esprits
d'enfer pour les intérêts de son divin Maître. Il les
honorait avec un amour très-respectueux, ayant
de hauts sentiments de leurs perfections et de
leur protection. Il disait « que l'abondance des
grâces de l'âme augmente beaucoup par l'union
que nous avons avec ces purs esprits, quoique l'on
y fasse peu de réflexion. Il ajoutait que ces bienheureux esprits nous favorisent beaucoup et nous
enrichissent de leur plénitude, chaque ordre selon
ce qui lui est propre : les Séraphins, nous faisant
part de leurs ardeurs ; les Trônes, de leur repos ;
les Dominations, de la participation au règne de
Jésus-Christ ; les Vertus, de leur grand pouvoir et

de leur force ; les Puissances, de leurs victoires contre les démons ; les Principautés et les Archanges, de leur zèle pour les intérêts de la gloire de Dieu dans les royaumes, les provinces et les États, tant ecclésiastiques que séculiers ; les Anges, de leur pureté, de leur vue de Dieu en toutes choses et de leur charité pour les âmes. »

Écrivant à la Mère Jeanne des Anges, il dit : « La pensée des anges m'est extrêmement douce. Je ne saurais vous représenter combien mon esprit en est occupé, surtout des Trônes, par qui les diables qui vous tourmentaient ont été chassés. Il me semble souvent que je sacrifie à Dieu assis sur ces esprits, en célébrant la sainte messe. Dans cette pensée, il me vient dans l'esprit que la vraie résidence de Notre-Seigneur est dans le fond de nos âmes. »

Durant plus de six mois, étant à Loudun, il reçut une visite de son bon ange. Quoique ce ne fût pas sous une forme sensible, elle opérait de grandes choses en lui, l'élevant fortement vers le ciel et l'enflammant d'une manière admirable des feux du pur amour. Il recevait aussi beaucoup de services des anges des religieuses. Il protestait « que les effets d'amour et de protection des saints anges lui avaient été rendus si manifestes et en tant de façons, qu'il lui était impossible de les raconter. Il assurait que l'on en ressentait quelquefois la présence par une suavité admirable; qu'ils étaient comme des éclairs de lumière qui pénétraient vivement l'esprit et le cœur; que non-seulement ils se rendaient présents à nous par une liaison morale, mais que quelquefois ils se mettaient dans nos sens intérieurs et dans nos membres. »

CHAPITRE SEIZIÈME

De son amour pour l'humilité dans l'union
avec Notre-Seigneur.

Le Père Surin a possédé l'humilité dans un degré héroïque, parce que son union avec l'Homme-Dieu était singulière. C'est ce qui faisait qu'il ne voyait en lui que misères, ce qui le portait à dire : « Quand je me considère en moi-même, je suis obligé d'avoir recours à tout le monde pour obtenir l'assistance qui est nécessaire à un misérable comme je suis. » Il se regardait comme quelque chose d'horrible, ce qui lui a fait écrire ces paroles : « Les hommes qui me tiennent pour défectueux et abominable ne se trompent pas, parce que, au dedans de moi, je suis tout cela, et le seul bienfait de Dieu y met autre chose. » Il se considérait comme un sujet odieux à tout le monde, ayant des vues inexplicables de son néant, de ses faiblesses et de son impuissance. On peut dire que Dieu lui avait donné une intelligence admirable pour les voies intérieures et qu'il a été un des grands maîtres de la vie spirituelle ; et cependant il n'y avait rien de plus humble que lui. Après avoir beaucoup et dignement écrit des états de la vie intérieure, il disait « qu'il n'avait pas la moindre pensée que cela le regardât, se voyant très-éloigné de toutes ces voies. »

Écrivant, à Loudun, à un Père de la Compagnie, au sujet de son obsession ou possession, il dit : « Je sens le diable aller et venir en moi comme dans sa maison. Il m'ôte mes pensées quand le cœur commence à se dilater en Dieu, le remplissant de rage ; il m'endort, il m'éveille quand il veut ; je ne puis pas même, à table, porter avec liberté le morceau à la bouche. En tout cela, je n'ai point à me plaindre, ayant le reproche de ma conscience et sur ma tête la sentence prononcée contre les pécheurs ; je la dois subir et recevoir l'ordre de la divine Providence, à laquelle toute créature doit s'assujettir. »

Parlant de ses défauts, il dit : « Je voudrais voir des livres imprimés qui fissent connaître à tout le monde mes misères et mes faiblesses ; pour lors, je croirais être le vrai disciple de Jésus-Christ, étant réduit à n'avoir recours qu'à lui ni refuge qu'en lui. »

Il était ravi de se voir anéanti par les hommes,

par les démons et par Dieu même, sans jamais se plaindre. « Il y a, disait-il, des gens qui croient que j'ai besoin d'être humilié, et ils disent vrai, car il me semble que c'est où va tout le poids de mon cœur. »

Écrivant à une Carmélite, quelques semaines avant sa mort, il lui dit : « Je désire mourir dans la cendre, en vrai pénitent, s'il plaît à Notre-Seigneur de m'en faire la grâce ; car je n'ai point de voie plus sûre que de crier à Dieu, comme votre sainte Mère : « Seigneur, vous ne mépriserez « pas un cœur contrit et humilié : c'est le terme des « faveurs que je puis espérer de mon Sauveur par « son infinie miséricorde. »

CHAPITRE DIX-SEPTIÈME

De son amour pour l'abjection.

Le Père Surin, tout pénétré de la haute sagesse cachée sous une folie apparente et portée par l'esprit de Jésus-Christ, soupirait ardemment après cet état et le demandait à Dieu avec de ferventes prières, le regardant comme une excellente fortune. Le Ciel se rendit favorable à ses vœux, car ce saint religieux en eut une connaissance surnaturelle dans une retraite où il lui fut révélé « que ses vœux avaient été acceptés de la divine Majesté, qu'elle lui accorderait sa demande et le conduirait par une grande et longue humiliation. »

Depuis ce temps-là, il devint un grand problème par les choses surprenantes qui lui arrivèrent. Il est certain que les démons firent tous leurs efforts pour le rendre effectivement fou, ou du moins en donner la croyance, par tout ce qu'ils lui firent souffrir dans sa possession. Ils déclarèrent, dans les exorcismes, qu'ils lui avaient fait prendre en dormant un breuvage dont ils expliquèrent la composition, que les médecins assurèrent être très-propre à troubler le jugement ; mais cette entreprise fut sans effet, Dieu le lui ayant toujours conservé bon au milieu de toutes les extravagances que les esprits d'enfer lui faisaient faire.

Dieu, qui voulait faire de son serviteur un spectacle d'humiliation aux anges et aux hommes, permit aux démons de le violenter extérieurement par quantité de mouvements et d'agitations qui le pouvaient faire passer pour un insensé. Ces agitations violentes commencèrent à paraître le jour du vendredi saint, Dieu voulant marquer par cette conduite le dessein qu'il avait de faire du Père une vivante image de son Fils dans les opprobres de la croix. Aussi les démons l'avaient menacé qu'ils lui feraient bien faire la solennité de la Passion. Cette humiliation lui arriva dans la maison où il était logé avec les autres Pères, à Loudun, en leur présence et en celle de quelques officiers de M. de Laubardemont, commissaire député du roi pour le procès d'Urbain Grandier, curé de la ville, accusé d'être l'auteur de tous les sortiléges faits aux religieuses ursulines.

Ce fut encore pour lui une plus grande humiliation lorsque les démons, à la vue de toutes les

personnes qui venaient de toutes parts aux exorcismes de Loudun, se saisirent de sa personne, le
jetèrent par terre et le firent rouler sur le pavé
avec des contorsions effroyables et le contraignant
de jeter des cris lamentables avec des frémissements
terribles. Cela lui arriva en présence des évêques
et de monseigneur le duc d'Orléans et de toute sa
cour. Car, parlant à Son Altesse royale, après avoir
chassé un des démons qui possédaient la Mère
Jeanne des Anges, et ayant encore son surplis, il
fut tout à coup renversé par terre ; voulant se
relever, il fut de nouveau relancé sur le pavé.
Les démons se raillaient de lui et disaient : « Ne
fait-il pas beau voir cet homme monter en chaire
et prêcher les peuples? » et mille autres insolences.

Cet état ayant obligé les supérieurs de le retirer
pour un temps de Loudun, il y retourna ensuite,
après son voyage au tombeau de saint François
de Sales. Quand il fut de retour à Loudun, les
démons le contraignirent de nouveau de faire
quantité d'extravagances. Ce qui obligea les supérieurs à le tenir enfermé, par une conduite très-
judicieuse. Mais, comme ces extravagances étaient
grandes et fréquentes et qu'elles lui ont duré la
meilleure partie de sa vie, on peut juger des
humiliations qu'elles lui ont causées. Ce qui lui

faisait dire : « Nous avons demandé du mépris à Dieu, il nous en donne à pleines mains. »

Jamais il ne s'en est lassé, comme il l'a témoigné dans une lettre qu'il a écrite les dernières années de sa vie, où il dit : « Le souverain faîte de la grandeur où j'ai aspiré toute ma vie est d'avoir de la part des hommes peu de réputation, et du côté de Dieu un humble emploi pour son service. Nous en sommes, par sa grâce, en possession ; et je m'y trouve si délicieusement, que je désire y passer le reste de mes jours. » Il disait encore : « Mourir dans les dernières humiliations, c'est le comble du plus grand bien où peut arriver le pur amour. »

C'était où tendaient les plus forts mouvements de son cœur. Parlant d'une personne qui les aimait, voici comment il en écrit, une année avant sa mort : « Je la tiens fort heureuse, Notre-Seigneur lui ayant dit cette vérité (il veut parler de l'abjection), qui est la plus précieuse de toutes celles que je sais de la doctrine de Jésus-Christ. Cette disposition me lie véritablement à son âme. Notre-Seigneur m'a donné diverses impressions d'estime de trois choses : la pauvreté, le mépris et la douleur. L'âme qui parvient à les aimer a trouvé la clef du cabinet de Jésus, où il tient ses plus précieux joyaux, qui ne sont pas les visions, les révélations et contemplations spirituelles, mais la conformité avec lui. L'âme, pour se rendre conforme à lui, se plaît davantage dans ces trois choses qu'en toutes les faveurs que peuvent donner le ciel et la terre. Voilà ce qui s'appelle sagesse de Jésus-Christ. Dites-lui, ma chère Mère, que je la tiens heureuse, quoi que la sagesse humaine en puisse dire. »

Il écrit dans une autre lettre : « Il était convenable aux yeux de Dieu, comme l'enseigne l'Apôtre aux Hébreux, de consommer et de rendre l'Auteur du salut des hommes parfait, par sa Passion. Ainsi faut-il dire de ses enfants conformes à l'image de son Fils : il faut qu'ils soient perfectionnés par les mêmes moyens. »

« Quand on se plaint, disait-il encore, de n'être pas estimé, cela vient d'un esprit ennemi des voies de Jésus-Christ. Jusqu'à ce que l'on mette sa joie dans son imitation, on en est toujours bien éloigné. Ceux qui ont du rapport par l'état d'une vie abjecte et méprisée doivent passer pour être des plus favorisés auprès de lui. »

« Enfin, disait-il, il faut se persuader que l'on épouse l'état de la vie humiliée avec Jésus-Christ comme l'objet le plus cher de son cœur. » Puis, il

s'écriait : « Qui me donnera une voix de tonnerre
pour pouvoir faire entendre aux âmes de quelle
importance est l'amour des humiliations, et combien la connaissance de cette vérité est nécessaire !
Je ne sais comment si peu la goûtent ; il me semble
que je mourrais content si je voyais plusieurs
personnes qui en fussent persuadées. »

CHAPITRE DIX-HUITIÈME

De son amour pour la pauvreté.

Le Père Surin avait reçu la grâce de la pauvreté par la profession religieuse. Il s'y était rendu si fidèle, qu'on l'a vu longtemps dans une chambre sans table, sans oratoire ou prie-Dieu, ayant pour tout meuble un petit escabeau. Dans le reste, il était également pauvre. C'était par cette vertu qu'on le voyait dans une si grande indifférence pour tout ce qu'on lui présentait, étant content de tout, comme un pauvre qui n'a rien que ce qu'on lui donne. Cet amour de la pauvreté lui donnait de grandes tendresses pour tous les pauvres. Il avait un plaisir incroyable de prêcher les pauvres de la campagne ; il en saisissait toutes les occasions et était ravi quand elles se présentaient. Ses délices étaient d'aller aux hôpitaux, de visiter les plus abandonnés et de baiser leurs ulcères avec de grands sentiments de dévotion.

Un jour où il allait à la campagne, on lui avait

donné ce qu'il fallait pour payer le passage d'une rivière ; mais, ayant rencontré un pauvre, il ne put s'empêcher de lui donner ce qu'il avait. Ce qui l'obligea de supplier un bon ecclésiastique de lui payer son passage. L'ecclésiastique lui demanda si on ne lui avait rien donné. « Oui, lui répondit-il, mais j'ai trouvé un pauvre qui m'a demandé l'aumône, et serait-il possible d'avoir quelque chose et de ne le pas donner à une personne qui est dans le besoin? »

La compassion qu'il avait pour les pauvres était si grande, qu'il eût volontiers donné son sang pour les soulager. « Si j'avais, disait-il, de l'or ou de l'argent dans mes os, je les ferais de très-bon cœur casser et briser pour l'en tirer, afin de les assister. »

L'amour qu'il portait à la pauvreté lui donnait encore une dévotion très-spéciale envers les saints qui ont excellé dans cette vertu.

CHAPITRE DIX-NEUVIÈME

De son admirable amour pour les souffrances.

Le Père Surin nommait les croix « le festin délicieux où étaient introduits ceux qui sont dans la plus grande faveur auprès de l'adorable Crucifié. » Il a écrit « que, dans cet heureux état de souffrances, les sentiments du divin amour l'absorbaient comme dans un océan de biens ineffables ; ce qui lui semblait une félicité commencée. » Il souffrait dans des joies qui tenaient quelque chose de celles du paradis. Il écrit : « Encore que la langue et la plume ne puissent expliquer les délicieux plaisirs que les peines lui donnent, la béatitude de cet état est un bien si ravissant, que si Dieu ne le bornait, l'âme se trouverait comme perdue et abîmée. » C'est ce qui lui fait encore écrire « qu'il ne peut représenter combien est suave l'état de son âme, quoiqu'il soit combattu par les hommes, par les infirmités, par la privation des appuis que l'on y peut avoir et des consolations que l'on y peut goûter. »

Ce fût dans le temps de ses plus grandes épreuves, lorsque le démon le tourmentait le plus cruellement, qu'il composa ses *Cantiques spirituels*, durant les intervalles où il avait quelque liberté. Il en chantait de conformes à ses inclinations pour les souffrances, et qui marquaient admirablement ses désirs véhéments d'endurer pour son Dieu.

Il faut remarquer que la joie qui coulait quelquefois par torrents sur la partie inférieure, et par rapport à l'état de son divin Maître sur le Thabor, était ordinairement renfermée, comme celle de notre Rédempteur, dans la partie supérieure de son âme, et que même il ne l'y apercevait pas. Ce qui lui a fait écrire que « l'intérieur de l'homme est si éloigné de l'extérieur qu'à peine peut-il venir de nouvelles de l'un à l'autre. » Sa vive foi lui causait la joie dont il vient d'être parlé, jointe à une paix divine qu'il avait dans son fond, qui ne le quittait point dans tous les changements de ses états extérieurs et intérieurs. Toujours content, il était dans une indifférence entière, ne voulant que la volonté de Dieu, demeurant dans un entier assujettissement à la grâce.

C'était une de ses grandes maximes « qu'il fallait venir à ce point où rien de tous les accidents de la vie ne peut donner d'émotion, par notre établissement en Dieu. » Il assurait « qu'il ne s'était pas inquiété (il faut entendre dans son fond) de tous les tourments que les diables lui avaient fait souffrir ; que quelquefois, au milieu des troubles et d'une extrême tristesse qu'ils lui causaient, il expérimentait une grande douceur ; qu'il ne trouvait l'oraison guère plus facile que dans le temps où les démons l'agitaient et roulaient son corps sur la terre, et que pendant qu'il souffrait le plus par les impressions malignes d'infidélité, de désespoir et de réprobation qu'ils lui faisaient porter. »

Il a toujours joui de cette paix qui surpasse tout sentiment. C'est ce qui faisait qu'il ne se plaignait jamais, ni de tout ce qui lui arrivait à l'extérieur, ni de ce qu'il souffrait dans l'intérieur. Dans tous les traitements qu'on lui a faits, jamais il n'a eu la moindre aigreur contre personne, jamais il n'a fait paraître aucun mécontentement quand il a été libre ; car les démons quelquefois lui faisaient dire et faire plusieurs choses extérieurement où il n'avait aucune part, mais au contraire son esprit et son cœur ont toujours été remplis de douceur et d'une charité incroyable. Quoiqu'il s'aperçût très-bien de tout ce qu'on lui faisait, son intérieur demeurait libre, encore qu'il ne le parût pas. Il y en a plusieurs exemples dignes d'admiration. Entre ce grand nombre, nous en rapporterons un bien surprenant et qui fera voir son extrême douceur. Comme ses peines ont duré bien des années, il était chez un de ses amis pour prendre l'air. Ses infirmités ne lui permettant ni de marcher ni de se remuer, on fut obligé de lui donner une personne pour le servir. Cette personne, poussée par l'esprit du démon, comme il y a bien de l'apparence, entra dans une telle aigreur contre le Père, quoiqu'il ne lui en donnât pas le moindre sujet, que non-seulement elle le maltraitait de paroles, mais encore d'effet, avec une cruauté qui donne de l'horreur. Car ordinairement elle le battait à coups de poing et de soufflet, y ajoutant souvent les coups de bâton, qu'elle lui déchargeait avec furie sur la tête et sur le visage. En cet état, il portait encore des peines intérieures épouvantables. Les maîtres de la maison s'aperçurent bien de ces meurtrissures ; mais Dieu, qui voulait faire de son serviteur un spectacle d'admiration à ses anges qui en étaient seuls témoins, permettait qu'on crût que par quelque accident, soit de chute ou autrement, le Père se les était faites lui-même. Mais cet homme de douleur, à l'imitation de son Maître, n'ouvrait pas la bouche pour se plaindre. Jamais il n'en dit rien ; il ne lui en fit pás plus mauvais visage. Après une telle douceur et une si grande patience, après des traitements que son amour pour les souffrances lui avait fait taire, Dieu en tira lui-même justice. Car ce serviteur, qui avait fait souffrir de si cruelles douleurs à la tête du Père, mourut d'un furieux mal de tête sans aucune fièvre ni aucun indice d'autre maladie.

C'est ainsi que le Père Surin possédait son âme en patience, dans l'ardent amour qu'il avait pour les souffrances. Voici ses sentiments à ce sujet ; il se plaint dans une lettre « de ce qu'il ne trouve pas de termes qui puissent expliquer l'estime qu'il a pour les croix et les hautes idées qu'il a conçues des trésors qui sont renfermés dans les peines ; il proteste que tout ce qu'il en dit est bien au-dessous de ce qu'il en connaît, et que, après en avoir dit tout ce qu'il en peut dire, il n'est pas satisfait. Il assure que les actions des saints le consolent beaucoup, mais surtout celles de saint François d'Assise et de sainte Thérèse, parce qu'elles expriment bien mieux que toutes les paroles l'estime et l'amour qu'ils ont eus pour les souffrances, et les goûts délicieux qu'ils y trouvaient ; que ces goûts ne sont pas des consolations sensibles, des élévations extraordinaires ou des grâces gratuites, mais des grâces qui portent à Dieu et qui séparent de la créature. »

« Toutes mes peines, disait-il, sont un effet des plus grandes grâces et des plus grandes obligations que j'aie à la bonté de Dieu ; ce qui m'éloigne bien des sentiments de ceux qui me portent compassion. » — « Quel sujet de bénédiction pour moi, s'écrie-t-il, de me voir le jouet des hommes et des démons ! Je vois combien les voies de Dieu sont différentes des nôtres. Le commun des hommes, qui me voient, regarde mon emploi de Loudun comme un malheur, pour avoir été le sujet du mal qui m'a tourmenté ; et moi, tout au contraire, je vois et j'expérimente manifestement que tout le mal qui en est venu est extérieur, mais que le bien qui m'en est arrivé et qui ne se voit pas est plus grand que l'on ne peut penser. Je ne voudrais pas changer ma fortune, ayant une ferme persuasion qu'il n'y a rien de meilleur que d'être réduit à de grandes extrémités, et qu'à proportion des humiliations, des rebuts, des délaissements et des autres souffrances, les bénédictions et les trésors de grâces se donnent abondamment. »

C'est pourquoi, quand on lui parlait de personnes qui avaient de grandes croix, il disait : « C'est ce qui me fait espérer qu'il leur arrivera de grands biens de grâces. » Un de ses souhaits était « que ceux qui ont à souffrir connussent le trésor des croix, qu'ils sussent que c'est avoir Jésus dans le cœur ; que ses propres douleurs, qui ont été si précieuses à la divine Majesté, lui sont appliquées et comme imprimées. » Il remarquait que, pour bien avoir ces vues, il ne fallait pas remarquer les causes secondes qui nous font souffrir, mais Jésus seul.

Il gémissait de ce que la doctrine de la croix, qui est la première leçon que notre divin Maître nous fait, est la dernière que nous apprenons.

Enfin, l'amour du Père Surin pour les souffrances l'en rendait insatiable. Ce qui lui faisait dire aux démons que les peines qu'ils lui causaient ne servaient qu'à lui en augmenter le désir. « Je m'offre à Dieu tout de nouveau pour souffrir en toutes manières, » disait-il. Il protestait « que ses désirs pour les tourments n'avaient aucunes limites. » Il disait « que Notre-Seigneur ne lui avait pas assez fait souffrir de croix, qu'elles étaient pour lui comme une heureuse compagnie qui servait à lui accroître l'ardeur de son amour par une plus grande abondance de grâces ; qu'il n'y avait que du triomphe à être décrié et maltraité. »

« Les enfants de Dieu, disait-il, quoique Dieu les aime beaucoup, doivent bien prendre garde que la tiédeur ne se glisse, parce qu'elle leur serait une source de grands maux. »

CHAPITRE VINGTIÈME

De son obéissance dans l'union avec Jésus-Christ.

Le Père Surin assurait « que c'était l'obéissance qui non-seulement l'avait consolé, mais sauvé, dans tous les dangers et dans toutes les voies extraordinaires où il s'était trouvé. » — « Je ne puis assez dire, assurait-il encore, combien Notre-Seigneur m'a fait de biens, et de combien de maux il m'a délivré, par la conduite de l'obéissance. » Il disait « que, pour rendre son obéissance parfaite, il ne fallait pas regarder la personne qui commande, mais Notre-Seigneur en sa personne, et se souvenir des paroles de ce divin Sauveur : *Qui vous écoute m'écoute;* qu'encore que les supérieurs se puissent tromper, cependant, en faisant ce qu'ils ordonnent, l'on demeure dans la volonté de Dieu; qu'encore que ce soit une chose très-bonne de faire ce que le divin amour inspire, néanmoins, quand l'obéissance y est contraire, c'est servir Dieu de s'abstenir des fruits et des effets de son amour. »

Il montra bien qu'il était dans la pratique de ce qu'il disait, lorsqu'il reçut un ordre de ses supérieurs pour empêcher que ses écrits ne fussent publiés. M. le prince de Conti, ayant eu quelques-uns des manuscrits du Père, en fut tellement édifié et si fortement touché, qu'il résolut de les faire imprimer. Les supérieurs l'ayant appris, ils jugèrent à propos de l'empêcher. C'est pourquoi le Père Surin écrivit à Son Altesse pour la supplier de ne pas faire imprimer ce qu'il avait de ses ouvrages. Mais, comme le prince ne dépendait pas des supérieurs du Père, et qu'il croyait que Dieu serait glorifié que ses écrits fussent donnés au public, il ne laissa pas de les faire imprimer. Sur cela, voici les sentiments du Père Surin :

« J'ai un extrême déplaisir que ce livre ait été publié sans l'ordre de mes supérieurs. Je me trouve quelquefois en des volontés de le traiter comme étranger. » Il dit, dans une lettre écrite avant l'impression : « Je prierai ceux qui les ont de les arrêter dans les ténèbres, jusqu'à ce qu'il plaise à Dieu d'en ordonner autrement, afin de ne pas manquer au premier devoir, ainsi que fit Abraham, quand Dieu lui commanda d'immoler son propre fils. J'estime fort peu les plus belles et les plus solides paroles du monde, au prix de l'exécution de la divine volonté, qui m'est déclarée par mon supérieur. Je vous assure que si j'avais entre mes mains tous mes écrits, et que mon supérieur m'ordonnât de les jeter au feu, aussitôt je le ferais et me chaufferais à la flamme, quoique, par mes lumières, ils me paraissent utiles pour le bien des âmes. »

Il fit encore bien voir combien ses lumières étaient soumises à celles de ses supérieurs, en l'affaire de la possession de Loudun, s'y laissant engager contre toutes sortes de raisons qui semblaient le convaincre de son impuissance pour vaquer à une entreprise si laborieuse, étant pour lors réduit dans un épuisement presque entier de toutes ses forces, et étant prêt à quitter lorsque Dieu lui donnait des bénédictions tout extraordinaires, pour ne se conduire en tout, dans l'action comme dans l'inaction, que par l'ordre de l'obéissance. Le Père Recteur de Poitiers lui apportant un ordre de son Provincial pour abandonner le soin de la Mère Jeanne des Anges, il obéit aussitôt, sans considérer ce que cette âme lui avait coûté devant Dieu, et les rages que les démons marquaient pour les soins qu'il en prenait, et les effets de grâces merveilleuses qui en étaient arrivés. Mais cet acte d'obéissance aveuglé fut suivi d'une bénédiction extraordinaire. Il faut remarquer que le démon, voyant les bénédictions que

Notre-Seigneur donnait au Père Surin, contre lui et ses suppôts, l'avait menacé de le faire sortir. Pour cela, il s'était servi d'étranges artifices afin d'en venir à bout. Mais ce malheureux esprit, qui s'était promis de charger le Père Surin de confusion, l'eût tout entière lui-même, par sa sortie. Balaam, l'un de ses suppôts, qui possédait aussi la Mère des Anges, y eut sa part. Car l'événement arrivé ayant obligé le supérieur de donner un nouvel ordre au Père Surin pour exorciser encore une fois, dans cet exorcisme, Balaam sortit en présence de personnes très-considérables, ayant déclaré auparavant que Léviathan était sorti par le pouvoir de saint Joseph. Ce dernier démon, en sa sortie, écrivit sur la main de la Mère ce nom sacré de Joseph.

Le Père Surin, après avoir imité l'obéissance de son Maître toute sa vie, l'imita jusqu'à la mort, puisque sa soumission à ses supérieurs l'a en quelque façon avancée. Car, après avoir souffert tant d'infirmités durant tant d'années, et étant abattu, il jugea sa mort être prochaine. Cependant le supérieur lui ordonna, dans le carême, de faire deux fois la semaine l'exhortation aux écoliers du collége. Il s'y soumit courageusement ; mais, à peine avait-il achevé ses exhortations, que la fièvre se joignit à la faiblesse, et il mourut trois semaines après.

Dans cette dernière maladie, il était comme un enfant devant ses supérieurs, exécutant à l'aveugle tout ce qu'ils lui ordonnaient, avec reconnaissance, humilité, soumission. Ceux qui le servaient étaient ravis de sa vertu.

CHAPITRE VINGT-UNIÈME

De son oraison.

Il faut ici considérer ce que nous avons dit de l'amour que le Père Surin avait pour Jésus-Christ, pour voir que c'était la plus chère et continuelle application de son esprit et de son cœur. Il s'écriait « qu'il ne pouvait se lasser d'en parler et d'y penser. » Il disait « que toutes les paroles de cet adorable Maître, ses actions, ses souffrances et tous les mystères de son enfance, de sa vie cachée, de sa vie conversante, de sa douloureuse Passion faisaient le sujet du culte de l'Église, et qu'ils devaient l'être de la dévotion de ses enfants ; que le tout avait été l'objet de l'amour de la vénération des saints et des Pères de l'Église, et qu'il devait l'être de notre application, de notre zèle, de nos respects ; qu'il y fallait mettre notre goût ; que ce devait être le sujet de nos entretiens, que nous devions considérer tous ces mystères comme notre refuge ; que, lorsque les forces manquaient, il fallait demeurer prosterné aux pieds de Jésus-Christ. »

Le Père Surin a toujours remarqué que les démons souffraient qu'on leur parlât des grandeurs de Dieu, mais que ce Dieu fait homme et ses mystères leur étaient tout à fait insupportables.

Le Père Surin, dans son état de contemplation sublime, s'acquittait très-bien des fonctions laborieuses envers le prochain, dans lesquelles sa profession l'engageait. Il assurait que son oraison lui donnait une force extraordinaire pour travailler dans les missions; il disait « que la grande maxime de la vie intérieure était de persévérer constamment, malgré la rage des démons, la contradiction des hommes, les peines que l'on y souffre, soit par les aridités et les impuissances, soit par les distractions, les dégoûts et les ennuis, soit par les tentations, les angoisses et les agonies qu'on y endure. »

Il remarquait que les personnes qui ne peuvent méditer pouvaient employer les puissances de leur âme avec grande simplicité, à la vue ou considération des personnes, des paroles et des sentences qui sont proposées dans l'Évangile, pesant par de simples regards les objets, sans se servir de beaucoup de discours, et y appliquant les sens intérieurs, pour entrer en admiration et en ferveur. Il remarquait encore que l'âme arrive quelquefois à une oraison où elle n'a plus qu'une notion générale qui rend une grande gloire à Dieu ; qu'une marque que cet attrait vient d'un principe divin, c'est qu'il purifie notre esprit et le rend simple ; que cependant l'âme peut jouir en ce repos des plus délicates onctions de la grâce ; que c'est une erreur de penser que l'âme soit oisive dans cet état ; que ceux qui troublent les personnes qui sont dans cet état ont tort, et que si ces personnes se troublent elles-mêmes, par le recours à des actes distincts, elles ne font autre chose que de se retirer de leur vrai repos, et que cette notion générale tient l'âme attentive à Dieu ou à Notre-Seigneur Jésus-Christ par une vue confuse. Il assure que, à la fin de **sa** vie, il était en cet état d'oraison.

Il donnait avis que trois choses étaient nécessaires pour aller à Dieu par la foi. La première, qu'il faut toujours s'appuyer sur ce que nous croyons, et nullement sur ce que nous sentons. La seconde, qu'encore que la partie inférieure sensitive ou raisonnable soit combattue, il faut toujours se réfugier dans l'asile de la foi et y demeurer, sans descendre dans le bas étage des sens ; par exemple : se persuader qu'il vaut mieux être pauvre, méprisé, ou être dans la douleur soit d'esprit ou de corps, que d'être riche, dans l'honneur, ou dans les plaisirs et les consolations intérieures ou extérieures ; qu'il y a un Dieu qui sait tout, qui gouverne tout; que tout est soumis à sa providence; qu'il est toujours fidèle à l'âme et bienfaisant à ceux qui renoncent aux choses créées pour l'amour de lui. La troisième, qu'il faut toujours avoir un grand courage pour se relever si l'on fait des chutes. Cette vérité doit être bien remarquée par tant de personnes qui s'abattent et se découragent dans leurs manquements, ce qui est une tentation très-dangereuse ; enfin qu'il faut persévérer dans ces choses, demeurant constamment dans le dessein de servir Dieu avec générosité et de tendre à ce qui sera le plus parfait.

CHAPITRE VINGT-DEUXIÈME

De son abandon à la divine Providence.

Le Père Surin, écrivant sur le sujet de la divine Providence, dit : « Mon âme est établie dans une grande confiance et n'est portée à rien entreprendre de soi-même, mais d'aller selon l'ordre de la divine Providence, qui dispose de tout. Je me confirme de plus en plus dans le dessein de m'abandonner à ses soins sans aucune réserve pour tout ce qui me regarde, et de vivre dans son entière dépendance. J'irai de bon cœur partout où elle me mènera; je ne saurais entrer dans aucune défiance de la conduite de Notre-Seigneur, car je crois que tout ce qui nous arrive est son ouvrage et pour notre plus grand bien. »

Voici quelques-unes des maximes de ce grand homme sur ce sujet :

I. Il faut que l'esprit de l'homme se perde doucement dans les soins de la divine Providence, parmi les diversités de toutes sortes d'événements, lui remettant tout sans peine, laissant les hommes dire et penser ce qu'ils voudront. La plus douce perte que nous puissions faire est celle de nous-mêmes en Dieu, abîmant en lui tout ce que nous sommes.

II. Tout est ordonné pour le bien de ceux qui ont remis tous leurs soins entre les mains de la divine Providence. Dieu n'abandonnera jamais rien de ce qui les regarde ; souvent il les aidera par des moyens auxquels ils ne pensent pas ; il les assistera même par des voies qui semblent leur être contraires. Mais ceux qui ne sont qu'à demi à Dieu se rendent indignes de recevoir ces grands secours de son aimable Providence.

III. Les surprises, en fait de la Providence, sont encore plus douces que les choses que nous pouvons prévoir, parce qu'il n'y a rien de plus doux que la parfaite dépendance de la divine volonté ; et s'y soumettre entièrement tout à coup sans voir, au lieu de délibérer, c'est une marque de grande dépendance.

IV. Il faut se fonder sur un principe indubitable, qui est que lorsque nous entreprenons une chose pour Dieu en sa pure vue et par sa conduite, nous sommes tellement en sa divine Providence, qu'il emploie sa bonté, sa sagesse, sa puissance pour nous, en sorte qu'il ne nous arrive ni ne peut rien nous arriver qui ne soit pour sa gloire et pour notre bien.

V. C'est une grande vérité, que je sais par mon expérience, que jamais rien n'arrive, quelque mal que ce puisse être que Dieu permette, qu'il n'en tire quelque sujet de grand bonheur pour la personne qui souffre, et d'un tel fruit, que ce ne lui soit une occasion particulière de louer et de remercier la divine Providence pour jamais. Les plus grandes peines sont les effets des plus grandes grâces et des plus grandes obligations que nous lui ayons. Il n'y a rien que nous devions plus estimer que les coups qu'elle nous donne, qui nous éloignent plus de nous-mêmes, du monde et de toutes les choses que le monde aime.

VI. Les grands effets d'une Providence extraordinaire commencent lorsque nous sommes les plus destitués des moyens ordinaires ; Dieu les proportionnant à nos besoins, il les augmente à mesure que ceux des créatures manquent. Jamais Dieu n'est plus dans un cœur que lorsque les créatures s'y trouvent moins.

VII. On ne saurait dire combien la vie est heureuse au milieu de tout ce qu'il y a de plus affligeant, quand l'amour et la confiance possèdent un cœur. Mais où trouvera-t-on une vive foi dans ce monde, pour tout attendre de la main de Dieu et se confier à lui parmi les maux intérieurs et extérieurs de la vie ? Ce serait une douceur incomparable que ce bien. Quelles délices, quelle paix, quel repos, de connaître l'avantage qu'il y a de se rendre alors à tous les ordres de la divine Providence et d'y demeurer avec respect, soumission et amour ! Disons une bonne fois : *Amen, que votre volonté soit faite sur la terre comme au ciel*, c'est-à-dire, comme nous le pouvons expliquer en cette oraison, dans nos corps comme dans nos esprits. Ceux qui ne se confient pas entièrement à Dieu en ignorent, et la bonté, et la sagesse, et la puissance. Tous ceux qui connaissent véritablement Dieu espéreront en lui. Eh ! qui a jamais espéré en lui et est demeuré dans la confusion ?

VIII. J'ai été l'objet d'une désolation universelle, délaissé pour servir de jouet aux hommes et aux diables, pour en être tourmenté cruellement. Cependant tout ce que je puis dire de la conduite de la divine Providence est que je n'ai point de paroles pour en déclarer la bonté.

Voilà quelques maximes de ce fidèle serviteur de Dieu touchant l'abandon où il faut être aux ordres de la divine Providence. Il faut en voir la pratique. Parlant de l'affaire de Loudun, il disait : « Je l'ai entreprise ayant cette impression que, me fiant en Dieu et me livrant à sa Providence, plus les maux qui m'arriveraient seraient grands, plus Notre-Seigneur me ferait de bien ; plus les attaques des démons seraient rudes, plus son assistance serait grande. C'est ce que j'ai éprouvé. »

Mais son abandon ne s'arrêta pas pour le temps, il s'étendit même pour l'éternité. Car, après avoir souffert dix-neuf ans des peines inexplicables, s'imaginant par une forte pensée qu'il était réprouvé, environ une année avant que ses peines le quittassent entièrement, la liberté lui fut donnée quelque intervalle de temps pour considérer le terrible état de sa peine si désolante. Et, y faisant une sérieuse réflexion, il se prosterna comme il put sur son lit où il était arrêté, pour se soumettre en toutes choses au jugement de Dieu, et il s'y abandonna plus que jamais pour l'affaire éternelle de son salut. Dans ce moment, il se sentit absorbé dans un océan de paix, et Dieu lui fit connaître que l'abandon de l'âme aux conduites de la divine Providence la doit porter à s'y fier sans aucune réserve et sans tant discerner ni raisonner. Il disait « que sa confiance augmentait à proportion de ses peines ».

Il lui arriva une chose fort extraordinaire, étant
à Saint-Macaire, petite ville à sept lieues de Bordeaux, où les Jésuites ont une résidence. Le démon,
l'ayant pris, le jeta par la fenêtre de sa chambre
dans un précipice sur un rocher. Il tomba sur ses
pieds avec ses pantoufles, le bonnet carré sur sa
tête. Ce fut une merveille que, tombant de si haut,
il n'eût pas le corps tout brisé et ne mourût de cette
chute. Il n'eut qu'un os cassé de la cuisse, près de la
jambe, qui lui fut mal remis. On le transporta ensuite à Bordeaux; les plus habiles médecins et chirur-
giens jugèrent qu'il ressentirait le reste de sa vie de
grandes douleurs dans la partie blessée. Mais la divine Providence ne lui manqua pas, car il fut exempt
des incommodités que les médecins lui avaient an-
noncées. Il est vrai qu'il se servit depuis d'un bâton.
Ce qui est remarquable, c'est que s'il sortait quelquefois pour se promener, il tombait tout à coup,
la jambe ne le pouvant porter. Mais, lorsque c'était
pour aller prêcher ou confesser, il ne sentait aucune
faiblesse et faisait même beaucoup de chemin,
allant dans les campagnes pour y instruire le
pauvre peuple.

Je ne puis omettre deux choses qui font bien
voir les soins que la divine Providence prend des
siens, et comment elle punit ceux qui osent attaquer

les saints. Lorsque le Père Surin fut précipité par le démon, un huguenot qui passait, le voyant tomber, en rit et prit plaisir à la chute d'un homme de cette profession. « Voilà, dit-il, un jésuite qui veut voler. » Mais sa raillerie ne demeura pas impunie, car, étant monté sur un cheval doux et marchant dans un fort beau chemin, il tomba tout à coup et eut le bras cassé. Ce qui lui fit avouer que c'était une punition de Dieu. Une autre personne de capacité et de vertu, ayant vu le Père dans quelque état qui pouvait le faire passer pour ridicule, le traita de fou ; mais elle ne tarda pas à en porter la punition : à quelque temps de là, cette personne tomba dans de si grandes extravagances, que l'on fut obligé de l'enfermer.

CHAPITRE VINGT-TROISIÈME

De son heureuse transformation en Jésus-Christ.

La fidélité du Père Surin aux mouvements de l'esprit de Jésus-Christ était quelque chose d'admirable, ainsi que sa parfaite mort à tout le créé. Il soumettait parfaitement à l'empire de ce Souverain tout son être et toutes ses opérations. Il était arrivé à cette amoureuse transformation en Jésus-Christ, ayant connu dès sa jeunesse la gloire du Seigneur par une lumière spéciale et extraordinaire dans une vue si parfaite, qu'il en était tombé dans une sainte défaillance. Plusieurs fois Dieu lui a donné à connaître ses perfections divines, et la splendeur infinie qui accompagnait cette vue lui ravissait l'esprit et le cœur, et le consumait saintement dans les pures flammes du divin amour. Il se sentait pressé de dire de temps en temps : « Ce n'est plus moi qui vis, c'est Jésus-Christ qui vit en moi. » Il lui semblait que cet adorable Sauveur s'était saisi de son âme et de son corps, comme de choses par lesquelles et dans lesquelles il agissait. Mais, à la moindre réflexion qu'il y faisait, la nature, pouvant alors y mettre quelque mélange, donnait de l'interruption à cette opération sainte. Il suffisait qu'insensiblement il eût la volonté de faire quoi que ce soit par son propre mouvement, pour donner lieu à l'esprit de Jésus-Christ de se cacher.

CHAPITRE VINGT-QUATRIÈME

De la pureté de son zèle.

Le zèle du Père Surin était véritablement pur, lorsque, fermant les yeux à tout ce qui n'était pas Dieu, il ne regardait que Dieu seul. Il disait « qu'il vivait comme s'il n'y eût eu que Dieu et lui au monde, que toutes les choses qui étaient plus capables de faire impression ne le touchaient nullement. »

Écrivant à la Mère des Anges pour lui recommander quelques-uns de ses meilleurs amis et auxquels il était obligé, il lui dit : « Je vous les recommande beaucoup, non pas parce qu'ils sont mes intimes amis et que je leur suis obligé, mais parce qu'ils servent Dieu fidèlement. »

La pureté de son zèle ne lui fermait pas seulement les yeux à ses meilleurs amis et à ses proches, mais elle le portait à un entier oubli de lui-même, ce qui lui fit écrire à madame sa mère : « Je vous prie de me perdre et tout ce qui me regarde, en

Dieu, ne me regardant que des yeux surnaturels et comme Jésus-Christ me regarde, lequel est mon père, ma mère et toutes choses. »

Il écrit dans les mêmes sentiments à un religieux de sa Compagnie et lui dit : « Je ne vous mande point de mes nouvelles ; je ferais scrupule de vous occuper un moment sur ce qui me touche ; je souhaite que Jésus-Christ et ses mystères vous remplissent si fort, qu'il ne vous reste rien pour aucune créature. »

« Ce doit être, disait-il, notre pratique de suivre Dieu pour l'amour de lui-même, en la vue de son propre mérite et dans l'union de Jésus-Christ, sans rien vouloir pour nous-mêmes. »

Il conseillait de penser aux choses et aux occasions dans lesquelles on voudrait témoigner à Dieu sa fidélité et son zèle. Voici ce qu'il en écrit au sujet de quelques religieuses : « Il ne faut jamais se reposer jusqu'à ce que l'on se repose uniquement en Dieu, prenant plaisir à se voir méprisé, délaissé, rebuté, quand ce ne serait que dans l'imagination ; et pour cela je voudrais, si j'étais en la place de ces bonnes sœurs, prendre devant le Saint-Sacrement un dessein de ne vouloir plus que Dieu, et dans toutes mes oraisons penser et repenser à ce qui me toucherait hors de lui, pour ensuite le désavouer, le regarder comme un ennemi, en concevoir une grande horreur et enfin l'anathématiser. Il faut aller à Dieu, sans propre intérêt ; la vue du pur amour doit suffire ; il faut sortir de tout ce qui est bas et petit : j'appelle bas et petit tout ce qui n'est pas Dieu ou pour Dieu. »

Sa grande maxime était « qu'il ne fallait avoir ni vie ni action que pour le seul intérêt de Dieu seul. » — « Il y a mille subtilités de l'amour-propre, disait-il, qui nous portent à d'autres choses sous de beaux prétextes ; mais il faut que l'âme ne se détourne jamais du regard invariable du bien de Dieu ; il se faut toujours tenir dans cet état de pure vue, soit que l'on soit dans l'abondance ou dans la pauvreté ; il faudrait comme s'incorporer une règle de saint Ignace : « Qu'en toutes choses « il faut chercher Dieu et se dépouiller de l'amour « de toute créature, pour donner toute son affection « au Créateur. »

Il soupirait fortement sur le petit nombre de ceux qui ne voient et qui n'aiment que Dieu seul. Ce lui aurait été une consolation bien douce de rencontrer quelque personne semblable à ce solitaire dont il est rapporté qu'il pleurait amèrement de ce qu'entre les hommes il y en avait si peu qui aimassent Dieu, et que dans ce petit nombre, entre cent, à peine s'en trouvait-il un qui aimât Dieu seulement pour Dieu, à raison de son mérite, et qui n'aimât que Dieu seul.

« Dans cet état de pur amour, on se trouve, disait le Père Surin, en deux extrêmes : dans une sensible mort à toute la nature et dans une vie très-délicieuse de la grâce ; car Dieu, qui ne se laisse jamais vaincre en amour par sa créature, la caresse à proportion qu'elle s'attache à ses divins intérêts ; et plus elle quitte les créatures et toute propre satisfaction, plus il lui donne de lumière, de liberté et de joie. Chose admirable ! que nous ne trouvons jamais de véritable plaisir qu'en quittant tous nos propres plaisirs. Je dirais, ajoutait-il, à une âme qui voudrait être un moment bienheureuse : « Oui, vous le pouvez être si vous le voulez ; quittez toutes les attaches, et vous serez heureuse, puisque vous trouverez Dieu seul, qui fait la parfaite félicité. » — « O quelle différence, s'écriait-il, entre l'amour pur et l'amour qui a du mélange ! Il y en a plus qu'il ne s'en trouve entre la lumière d'une petite chandelle et les clartés du soleil en plein midi. Dans l'amour imparfait, on opère bassement, avec bien de la lâcheté et bien du respect humain. La douceur, le recueillement accompagnent ce qui se fait purement pour Dieu, et Dieu y correspond par l'abondance de ses grâces très-spéciales. Heureuse l'âme qui sait bien détruire toute maxime qui vient du propre intérêt ! Mais elle doit entendre que les aimables voies qui conduisent à cet heureux état de divin anéantissement sont les mépris, la pauvreté et la douleur. Que si ce sont ces voies qui mènent à un si heureux terme, pourquoi se plaindre quand la divine Providence nous y engage? Pourquoi ne les pas aimer? Pourquoi n'y mettre pas sa joie et sa gloire? »

Voilà les sentiments qui marquent la pureté de son zèle; il en faut voir les effets. Nous avons dit qu'il avait offert son corps pour être possédé des démons, afin d'obtenir de Dieu la liberté du corps adorable de son divin Fils, dont les magiciens s'étaient saisis. Mais la grandeur de son zèle tout de feu l'anima encore à souffrir pour le corps mystique de Jésus-Christ. Considérant que la Mère Jeanne des Anges en était un des membres, et la voyant réduite à des angoisses extrêmes et dans les dangers des plus cruelles tentations, il s'offrit à Dieu pour être en sa place, pour porter toutes ses tentations, qui étaient effrayantes; pour souffrir toutes ses peines, qui étaient des plus grandes que l'on puisse souffrir en ce monde; il s'offrit même à être possédé du démon. Mais son zèle ne s'arrêta pas là; non-seulement il était prêt à souffrir toutes sortes de peines durant cette vie, mais encore toute l'éternité. Voici une des occasions que la divine Providence lui donna pour lui faire exercer un acte si héroïque. Un jour, son esprit se trouva fortement occupé de ce qu'il ferait si Dieu le voulait faire souffrir éternellement. Dans cette pensée, il s'écria d'une voix forte, avec de grands élans, et de grosses larmes lui tombant des yeux, « qu'il voulait souffrir éternellement si c'était la volonté de Dieu, et qu'il n'aurait jamais d'autres désirs que de se soumettre parfaitement à son divin empire. »

Ce serviteur de Dieu n'eut pas seulement la résolution de souffrir éternellement si l'intérêt de son Maître se trouvait dans une éternité de peines. Il tomba effectivement dans une sorte de peine où les démons agissant avec force sur son imagination, il croyait être damné et qu'il serait à jamais dans une peine infinie. Que fera alors la pureté de son zèle? Il ne peut plus prétendre à aucun bien pour lui, de quelque côté qu'il jette les yeux, soit vers le ciel, soit sur la terre; tout est perdu pour lui, à ce qu'il s'imagine. Mais il suffit à cette âme héroïque que Dieu reste. « Tous nos intérêts sont perdus, dit-il; il n'y a plus rien à faire;

mais l'intérêt de Dieu subsiste, il faut travailler
pour ce divin intérêt. Mes péchés ont mérité que
je sois condamné aux enfers, où il n'y a plus d'a-
mour, où je n'aimerai point Dieu. » Et, là-dessus,
les torrents de larmes lui coulaient des yeux, au
milieu d'une foule de soupirs, que l'on peut mieux
s'imaginer qu'écrire. « Mais non, poursuivait-il,
cela ne m'ôtera rien du service que je dois à
mon grand Maître; si nous ne le pouvons aimer,
travaillons le reste de nos jours à le faire aimer.
Il faut regarder son mérite et ne nous pas arrêter
à ce qui nous en peut arriver. Parlons donc,
prêchons, écrivons, afin que Dieu soit loué, aimé
et glorifié! »

On a remarqué que, pour lors, ses paroles étaient
toutes-puissantes pour toucher les cœurs du divin
amour. Et il a laissé par écrit « que jamais il n'a eu
un plus grand désir que Dieu fût honoré et aimé. »
Il a encore écrit « qu'aussitôt que l'intérêt de Dieu
paraissait en quelque chose, non-seulement il y était
porté par l'esprit, mais que la chair y avait de la
complaisance. » C'est que, ayant été dévoré par le
zèle du pur amour, il était tout changé dans l'amour
de son zèle. Disons donc avec le Père Surin, abandonnant tous nos intérêts à la sainte Providence :
« Ne cherchons plus, ne désirons plus, n'aimons

plus, n'estimons plus que les seuls intérêts de Dieu seul, ne nous attachons plus qu'aux seuls intérêts de Dieu seul. Ah! Dieu seul, Dieu seul, toujours Dieu seul, dans l'union avec Jésus-Christ ! »

CHAPITRE VINGT-CINQUIÈME

De l'étendue de son zèle et des Ouvrages qu'il a écrits.

La grâce du Père Surin était une grâce générale pour les pécheurs, pour les justes et pour les âmes les plus saintes. C'était donc dans l'ordre de la divine Providence que son zèle s'étendait sur toutes sortes de personnes. Mais il avait une grâce éminente pour les âmes qui tendaient à Dieu parfaitement. Il écrit « que, à proprement parler, sa grande joie se trouvait dans leur rencontre. » Il appelait ces jours-là *les bons jours de sa vie.* « Si quelquefois, disait-il, quelqu'un est blessé du divin amour en entendant ce que nous disons ou voyant ce que nous faisons, nous comptons cela parmi nos meilleures fortunes. »

Il avait beaucoup de bénédiction pour les pécheurs, ce qui lui fait dire, dans une lettre qu'il écrivait d'un lieu où il faisait une mission, « que Dieu lui faisait de très-grandes grâces dans cet emploi; que, lorsqu'il était sur le point de monter en chaire, il ressentait une force particulière pour dire le bien de Dieu et le mal des créatures ; qu'il sentait une vigueur au-dessus des forces naturelles de l'âme, aussi bien dans les sens intérieurs et extérieurs que dans ses paroles, pour amener les pécheurs à se rendre tout à Dieu ; qu'il sortait de ses fonctions plus uni à Dieu et plus content que s'il avait gagné une bataille. »

Parlant de la joie qu'il avait de prêcher aux peuples, soit en public, soit en particulier, il assurait « que son âme était pleine d'onction ; qu'avec les peuples les plus grossiers, comme avec les âmes les plus choisies et les plus éclairées, il avait une grâce particulière à les instruire des premiers mystères de la religion ; que cette grâce était celle des apôtres. »

Quand il était en pouvoir de le faire, il employait beaucoup de temps à confesser le petit peuple. Il allait visiter les bonnes gens de la campagne et les pauvres des villes, pour leur apprendre les voies de Dieu. Il prêchait volontiers dans les villages, quelquefois deux fois par jour. Il allait de village en village avec une joie extraordinaire, prêchant le règne de Dieu.

Mais sa grande dévotion était d'instruire les petits enfants, ce qu'il a fait jusqu'à la fin de sa vie. Voici ce qu'il en écrit vers la fin de ses jours : « J'enseigne

aux petits enfants l'A B C, et puis je leur fais dire
à pleine tête : *Un seul Dieu tu adoreras et aimeras
parfaitement*. Voilà la haute fortune où j'ai aspiré
dès le commencement que je me suis mis au service
de Dieu. »

Écrivant à une supérieure des Filles de Notre-
Dame, et lui parlant de l'instruction qu'elle donnait
à la jeunesse, il déclare « que c'est une chose si
grande et si précieuse, qu'il en demeure étonné ;
que c'est une participation de la charité de Dieu,
qui est la charité même. »

Il avait remarqué que les diables haïssent particulièrement ceux qui travaillent à faire régner
Jésus-Christ dans les âmes. Puis, il disait : « Ne
nous contentons pas d'aimer Dieu ; faisons que
plusieurs autres l'aiment. Il me semble que ce qui
me reste de vie se doit employer à augmenter le
nombre de ceux qui aiment Dieu et à lui sauver
des pécheurs qu'il semble que l'enfer a déjà
dévorés. Enfin, je serais ravi dans cet emploi de
succomber sous le faix et d'y mourir, à l'imitation
de mon divin Sauveur. »

Il faut remarquer qu'il avait une grâce spéciale
pour les personnes qui étaient dans la croix, particulièrement celles qui avaient des peines d'esprit.
Il conseillait à ces âmes « d'éviter les réflexions

volontaires sur leurs peines, de ne pas examiner beaucoup dans ce temps-là leurs actions, en particulier de ne pas beaucoup rechercher si l'on a consenti ou non aux tentations, disant que souvent ces peines viennent de trop de vue et de réflexions; qu'il fallait tâcher de se désoccuper de soi-même; que, en matière de défauts, il vaut mieux donner à la componction qu'à la pénétration; surtout qu'il fallait soumettre son propre jugement sous l'obéissance dans ces rencontres, ne pas suivre sa propre lumière, ce qui n'est pas un déréglement quand on agit contre son jugement d'après une lumière supérieure à qui on obéit. »

Il avait une grâce générale pour toutes sortes de personnes et pour tous les états. Il les assistait de ses avis et de ses soins; il avouait « qu'il n'était pas en son pouvoir de refuser rien au prochain de ce qui lui était possible. » Les misères des autres lui pénétraient le cœur. Non-seulement sa charité s'étendait sur les maux de l'âme, mais aussi sur ceux du corps. Une de ses visites ordinaires était aux hôpitaux.

Il agissait envers le prochain avec une douceur et une patience extraordinaires. Il n'y a point de peines qu'il n'eût souffert avec joie pour l'établissement du règne de Jésus-Christ dans les âmes.

Il estimait « que de souffrir les peines que les démons lui faisaient endurer et auxquelles il s'était offert était peu de chose pour le prix d'une seule âme, qui avait coûté tout le sang d'un Dieu. »

Enfin, il n'y avait rien qu'il n'eût voulu souffrir pour toutes sortes de personnes. Il dit dans une lettre : « Il ne me reste qu'une ardeur et un désir extrêmes pour persuader à toutes les âmes, soit par écrit, soit par paroles, les richesses et opulences cachées dans les maximes de l'Évangile. Quand tout me serait ôté, je ne serais pas pauvre : il y a de quoi parler, écrire et travailler à l'infini sur ce fond. »

Ses discours n'étaient pas des productions de l'esprit humain. Durant trente ans ce lui fut une grande préparation que l'espace d'environ un demi-quart d'heure pour monter en chaire; l'esprit de Jésus-Christ, dont il était rempli, le disposait en la divine vertu. Aussi ne lui était-il pas possible de se servir des matières qu'il avait préparées en sa jeunesse. Un jour, étant de retour à Bordeaux, la veille du premier dimanche de l'Avent, il fut prié, dès qu'on le sut, de prêcher les dimanches et les jeudis dans une paroisse de la ville, et le reste de la semaine dans quatre monastères. Dans un pareil engagement et si prompt, il voulut lire quelque chose des discours qu'il avait composés autrefois. Mais ils ne lui servirent de rien, ce qui lui fit mettre sa confiance en Dieu ; et, par un mouvement de l'esprit de Notre-Seigneur, il jeta tous ses sermons au feu. Dans ce moment, il se trouva dans une grande dilatation de cœur et rempli de grands desseins et d'une abondance de pensées animées par quantité de mouvements.

Une autre fois, dans le temps qu'il était accablé de ses peines, étant dans l'église des Carmélites le jour de l'Épiphanie, il se trouva un grand concours de beau monde à cause d'une princesse qui y était venue pour entendre le sermon qu'un abbé devait faire. Lorsqu'il devait monter en chaire, il manda qu'il ne pouvait prêcher. On achevait vêpres ; les Carmélites, l'ayant appris par une tourière du dehors, se trouvèrent fort en peine, à cause de la princesse et de sa cour ; mais la tourière leur ayant dit que le Père Surin était à l'église, elles l'envoyèrent prier de suppléer le prédicateur, ce qu'il accepta sans difficulté. Il monta en chaire, n'ayant point d'autre temps pour se préparer que celui de prendre le surplis. Quoiqu'il eût l'esprit abîmé dans un océan de peines, il se trouva tout à coup rempli du dessein de faire voir la petitesse des grands et l'abaissement qu'ils doivent porter aux pieds du saint Enfant Jésus. Il fit un sermon admirable, dont la princesse fut très-édifiée, ainsi que le reste de l'auditoire.

Depuis son obsession, qui lui a duré près de trente ans, il ne pouvait plus s'appliquer à aucune lecture ou étude pour se préparer à prêcher : ainsi, il demeurait entièrement abandonné aux soins de la divine Providence. Aussitôt qu'il était monté en chaire, il se sentait revêtu d'une force admirable, et, s'étant muni du signe de notre rédemption, il entrait dans une plénitude de pensées, dans une vigueur d'esprit surprenante, dans une facilité d'expressions merveilleuse, et parlait avec une voix forte et accompagnée d'une éloquence céleste, comme s'il eût été un autre homme. Le médecin qui le traitait, l'ayant entendu, jugea que ses forces étaient surnaturelles et qu'il y avait du miracle.

Une chose digne de remarque, c'est qu'il a dicté tous les volumes du Catéchisme spirituel avant qu'il eût le premier rayon de lumière. Comment un homme tout obsédé du démon, qui lui liait l'imagination, et n'étant rempli que de pensées noires de l'enfer et de sentiments qu'il était damné, a-t-il pu parler si dignement des peines surnaturelles et donner des avis si judicieux à ceux qui les souffrent ? Comment ne se les appliquait-il pas à lui-même ? Il en rend la raison dans une lettre. Il dit « que la doctrine du Catéchisme spirituel coulait de lui comme un petit filet d'eau à travers un torrent de soufre. »

Et, de vrai, c'était une chose merveilleuse de lui voir dicter, dans l'état où il était, tant de saintes vérités, et garder même de l'ordre, comme il est aisé de voir par toutes les divisions qu'il fait dans les matières dont il traite dans tous les chapitres. Il dictait toutes ces vérités comme une personne réciterait la chose du monde qu'elle saurait davantage. On rapporte que, pour reprendre la suite de ce qu'il avait dicté, il ne demandait point où il en était resté.

Voici ce qu'il en écrit de sa main : « J'avais une assistance de Notre-Seigneur et de la sainte Vierge toute manifeste, car je ne crois pas qu'en tous les volumes de mon Catéchisme il y ait douze lignes du mien. »

Il dicta ensuite le Dialogue spirituel, qui est en quatre tomes ; mais il n'en dicta qu'une partie ; car, après avoir été plus de dix-huit ans sans pouvoir écrire, il sentit tout à coup une impétuosité qui le porta à prendre la plume. Il écrivit plusieurs pages, et depuis ce temps la liberté d'écrire lui fut rendue.

Il a écrit un Guide spirituel, un Traité de l'amour de Dieu, le Triomphe de l'amour divin sur les puissances de l'enfer, un Traité de la perfection, un Traité des secrets de la grâce, un Discours justificatif des choses mystiques, Questions importantes de la vie spirituelle sur l'amour de Dieu.

CHAPITRE VINGT-SIXIÈME

De la force du zèle du Père Surin, qui l'engagea à une cruelle guerre contre l'enfer.

Outre la guerre commune à tous les hommes avec les démons, celle du Père Surin avec les esprits d'enfer a été extraordinaire, ayant eu à les combattre dans la possession des religieuses ursulines de Loudun et dans la possession et obsession qu'il en a lui-même soufferte. De plus, il a eū affaire avec les plus puissants démons de l'enfer, Léviathan et Béhémoth, dont il est parlé dans le Livre de Job. C'était avec ces puissances que le Père avait à combattre. Il y avait quelque temps qu'il était obsédé, lorsque la déclaration ouverte de la guerre se fit un soir, dans un parloir qui répond à l'église des religieuses ursulines de Loudun. C'est là que se donna le défi général d'un combat bien étrange, qui dura de longues années.

« J'ai commencé, lui dit le démon, à te faire sentir mon pouvoir, mais tu verras bien d'autres choses : j'ai bien d'autres forces que tu ne penses ;

tout l'enfer se liguera contre toi, je me servirai même des magiciens, je te rendrai misérable, et le traitement que je te ferai sera si rude et si étrange, que tu auras tout lieu de te repentir de ton entreprise, et tu seras contraint toi-même de demander à en sortir. Je ferai contre toi des choses si inouïes et si extraordinaires, que ceux de qui tu dépends, à qui nous donnerons comme il faut de l'émotion contre toi, seront obligés de te faire quitter ; tu en sauras des nouvelles. »

Mais le Père, demeurant dans une fermeté inviolable, sans s'étonner, lui répondit : « Je ne crains point toutes tes menaces ; tous les tourments dont tu penses m'épouvanter ne servent qu'à redoubler mon courage, puisqu'il n'y a rien que je désire avec plus d'ardeur. Si tu as l'enfer et la magie contre moi, j'ai pour moi le Ciel, ses anges et Jésus-Christ, le Dieu du ciel. »

Fort de cet appui, le Père Surin se moquait des démons. Une sainte âme avait eu une connaissance surnaturelle des maux extérieurs qu'il devait souffrir et dont la seule idée la laissa dans une grande frayeur ; mais elle fut consolée en voyant une main céleste étendue sur lui qui le protégeait.

Il disait avec grande raison qu'il ne pouvait se défier des conduites de Dieu, ce qui lui fit écrire à une de ses tantes : « Je suis un peu fâché contre vous de ce que les accidents que Dieu permet qui m'arrivent vous font entrer en défiance jusqu'à désirer que je quitte le champ de bataille. Cela me semble indigne de l'esprit de Jésus-Christ. Vous me faites un grand tort. C'est trop peu de chose que des diables pour donner de la peur à celui qui a tout quitté pour ne trouver que Dieu. Entrez dans l'abandon de vous-même et de ceux qui nous touchent entre les mains de la divine Providence. »

Il était à Marennes, annonçant la parole de Dieu avec une ferveur apostolique, lorsque, après avoir prêché avec force sur le zèle du grand saint François-Xavier le jour de sa fête, il se sentit tout à coup saisi d'une grande impétuosité d'esprit, ce qui l'obligea de se retirer à sa chambre; et là, tandis que, dans des désirs ardents de la gloire de Jésus-Christ que le feu sacré du divin amour allumait dans son cœur, il s'offrait à Dieu pour être envoyé où il lui plairait, lui demandant très-humblement la grâce que ce fût où il serait le plus glorifié, il vit entrer le Père supérieur, qui lui annonça qu'il avait l'ordre du Père provincial de l'envoyer à Loudun et de le faire partir incontinent. Le vrai obéissant, sans hésiter, se disposa tout aussitôt à

partir, ce qui ne fut pas sans une spéciale conduite
de la Providence ; car plusieurs Pères, s'étant
trouvés d'avis contraire au sentiment du Père provincial, déclarèrent, après avoir été tous consultés
par le supérieur, qu'il n'était pas à propos de se
servir du Père Surin pour exorciser les possédées
de Loudun. Sur cette déclaration, le Père provincial envoya un second ordre au supérieur de Marennes pour y retenir le Père ; mais la prompte
obéissance l'avait déjà mis en chemin.

Sa vocation à un emploi si difficile fut encore
confirmée par une révélation qu'en eut un homme
éminent en vertu ; cette révélation fut autorisée
par un miracle ; car Dieu ayant élargi la poitrine à
cet homme, il eut la facilité de respirer, qu'il
n'avait auparavant qu'à grand'peine, souffrant une
telle oppression, qu'il s'attendait à mourir bientôt.

Les démons, qui n'ignoraient pas l'esprit de
mortification et de dégagement du Père Surin, ni
la plénitude de l'esprit de Jésus-Christ qui résidait
en lui, furent si saisis de crainte à son arrivée,
qu'ils en donnèrent des impressions à la Mère des
Anges, qui se sentit pleine de frayeur à la première
entrevue et entendit les démons qui disaient :
« Voilà celui qui nous ruinera. »

CHAPITRE VINGT-SEPTIÈME

*De la sainteté de son zèle en la manière qu'il a tenue
pour combattre avec le démon.*

Le Père Surin suivit fidèlement le conseil de
l'apôtre saint Paul, qui, après nous avoir instruits
dans son Épître aux Éphésiens, chapitre VI, de
toutes les armes dont Dieu veut qu'on se serve
pour combattre les démons, nous dit ces belles
paroles : « Faites en tout temps par l'Esprit de Dieu
toutes sortes de prières et de supplications, et
veillez en lui. » Le serviteur de Dieu accomplit à
la lettre ce que dit cet apôtre, car il était toujours
en oraison, ses yeux étaient toujours au Seigneur,
et les pensées de son cœur en sa présence. Hors les
occupations nécessaires, il était sans cesse à genoux,
offrant ses vœux à Dieu avec beaucoup de larmes.
Ces armes contre les démons étaient les plus fortes
et faisaient le plus de ravage dans cette troupe in-
fernale ; ce qui obligea ces esprits, pour se défendre
d'une attaque si rude, de faire tous leurs efforts
pour le distraire et empêcher, s'ils le pouvaient, une

oraison si fervente et si continuelle. Pour cela, ils lui tiraient tellement les facultés que, n'en ayant pas l'usage libre, il trouvait dans cet état un empêchement très-grand à l'oraison. Mais tous ces obstacles ne le purent jamais empêcher de se tenir à genoux devant le très-saint Sacrement, y souffrant en silence et en paix les reproches que les démons lui faisaient de son incapacité et toutes les humiliations qu'ils lui procuraient. Une si fidèle persévérance dans l'oraison faisait souffrir les diables si extraordinairement, qu'ils étaient contraints de déclarer que c'était la chose qui les tourmentait le plus.

C'est ce qui faisait qu'étant divinement éclairé, au lieu des exorcismes dont les autres Pères se servaient, il s'appliquait particulièrement à faire l'oraison et s'efforçait de mettre la Mère des Anges dans le même esprit. Ce fut dans cette occasion que l'enfer fit les derniers efforts pour l'empêcher; usant des plus furieuses attaques, les démons faisaient des cris de désolation lamentables par la bouche de la Mère, avouant que cette conduite les ruinait. Car ces malheureux esprits avaient rendu l'esprit de la Mère stupide, se vantant qu'ils ne souffriraient jamais qu'il y entrât rien d'utile; et, par le moyen de l'oraison, il s'ouvrait aux lumières célestes. Ces malheureux, pour en distraire la Mère, lui apparaissaient sous des formes horribles, la battaient avec excès, la mettaient dans une aridité insupportable. Mais, persévérant avec constance, elle obtint les plus saintes grâces.

Ces esprits d'enfer furent contraints d'avouer que l'exorcisme était pour eux un petit travail, comparé à la peine qu'ils ressentaient d'une si sainte pratique, et qu'en ce point ils étaient obligés de céder. Le Père Surin portait la Mère des Anges à s'occuper des mystères de Notre-Seigneur, lui faisant faire quantité de colloques avec cet adorable Sauveur, ce qui produisait dans son cœur de grands sentiments d'amour et de piété. Les démons se servaient de toutes sortes de ruses pour empêcher cette application à Jésus-Christ et à ses mystères.

Enfin, le Père, sachant que la sainte Vierge et les saints nous donnent un accès favorable auprès de la divine Majesté, commença l'entreprise de la guerre contre les démons par un recours filial, allant en pèlerinage à Notre-Dame de Saumur. Ensuite il s'adressa à saint Joseph, comme au protecteur spécial de la vie intérieure et de la plus haute perfection à laquelle il avait dessein de porter la Mère, qui était possédée. Il se servit aussi des saintes reliques, spécialement d'une de sainte

Thérèse ; ces reliques étaient insupportables aux démons, dont l'un déclara être l'ennemi particulier des Carmélites et que son plus puissant adversaire était saint Joseph.

Cependant plusieurs désapprouvaient la conduite du Père, qui, étant fort intérieure, n'était connue que de peu de personnes. Mais Dieu, voulant autoriser son serviteur, qui était plus appliqué à l'oraison et au soin d'avancer l'âme dans la perfection qu'à l'emploi des exorcismes, quoiqu'il s'en servît selon l'usage de l'Église, fit sortir Béhémoth sans aucun exorcisme, lorsque la Mère des Anges était dans une retraite.

CHAPITRE VINGT-HUITIÈME

De son zèle victorieux dans l'expulsion des démons.

Le Père Surin remarquait, avec beaucoup de
lumière, que les principes de l'union des diables
avec les hommes étaient les péchés et les mauvai-
ses habitudes, et que les principes sont d'autant
plus grands que les vices sont plus enracinés; que,
à proportion que le péché est dans une âme, le
démon s'y établit et y triomphe. Les diables étaient
contraints d'avouer qu'ils prenaient leur avantage
de la corruption qu'ils trouvaient dans la nature.
« Nous n'avons, disaient-ils, qu'autant que nous
en donne le vice : si on le ruine, il faut que nous
succombions. »

C'est pourquoi le Père Surin, ayant fortement
instruit la Mère de ces vérités, elle ne regarda plus
les opérations des démons en elle que comme fondées sur ses défauts, dont le principe se trouvait
dans ses imperfections. Pour y apporter le remède,
elle entreprit de les combattre par la vertu de Jésus-
Christ; et le Père, de son côté, s'appliqua à lui

faire pratiquer la mortification, pour ôter toute prise aux démons. Ce qui leur donna tant de tourment, qu'ils s'offraient d'obéir à tout le reste, pourvu que l'on abandonnât cette poursuite des vices et des inclinations de la nature corrompue. Ils criaient : « Ceci nous perd et fait que, de maîtres, nous devenons esclaves. On défait notre maison, on ruine notre nid : où veut-on que nous logions? » Ils menaçaient ensuite étrangement le Père et lui disaient : « Tu entreprends contre nous des nouveautés, mais nous ferons aussi des nouveautés étranges dans nos poursuites contre toi ; tu auras lieu de t'en souvenir. »

Le serviteur de Dieu ayant recours à la grâce de notre Sauveur par une oraison continuelle, et s'appliquant à mortifier la Mère, elle fut heureusement délivrée, en sept ou huit mois, des obstacles qu'elle avait à la perfection. Alors les démons voulurent en sortir, en disant « que le plus grand malheur qui puisse leur arriver sur la terre est de posséder une personne mortifiée dans ses passions. » Ces malheureux esprits criaient : « Il vaudrait mieux que nous fussions en enfer que de rester dans une personne dégagée d'elle-même et des créatures ; nous en sommes esclaves, vu qu'elle a le même pouvoir sur nous que sur ses passions. »

Ainsi donc, ce à quoi le saint homme s'appliqua beaucoup fut de faire sortir la Mère d'elle-même, pour n'être plus qu'à Jésus-Christ. Pour réussir dans une si sainte entreprise, il considéra toutes les imperfections et les fautes auxquelles elle était sujette, pour les combattre l'une après l'autre et les détruire par la force de Jésus-Christ.

Il attaqua Balaam et Isacaron, qui donnaient à la Mère une pente extraordinaire à la mollesse et au plaisir, par l'esprit d'une sévère pénitence qu'il lui inspira; de telle sorte qu'elle s'accoutuma à coucher sur la dure, à dormir sur des ais et à ne presque point approcher du feu, elle qui auparavant n'eût pu dormir que sur un lit de plume et enveloppée dans des draps bien chauds durant l'hiver. Elle prenait une rude discipline trois fois le jour, portait ordinairement la haire avec une ceinture de cuivre, y joignant un jeûne fréquent. Elle se résolut de s'abstenir des fruits, qui étaient fort à son goût. Quelquefois, sentant un appétit extraordinaire dans le commencement du repas, elle se levait de table ayant très-peu mangé. Les démons, voyant une mortification si sévère, firent tous leurs efforts pour s'y opposer. Pour en venir à bout, ils lui causèrent une faim presque insupportable, qu'elle surmonta généreusement, avec la grâce de son

Sauveur. Elle résolut même de manger plusieurs choses qu'elle ne pouvait supporter à cause de la faiblesse de son estomac. Dieu a quelquefois contraint ces maudits esprits de déclarer qu'ils eussent désiré de tromper la Mère sous prétexte de santé.

L'homme de Dieu combattit ensuite les démons dans les amitiés naturelles de la Mère fondées sur les sympathies et les qualités naturelles de l'esprit et du corps. Il combattit aussi l'orgueil et la colère; il les battit par l'humiliation et la patience. La Mère, qui avait pour lors beaucoup de l'esprit de Dieu, pria le Père de l'humilier beaucoup et sans miséricorde. Il s'y appliqua fortement; il lui faisait des confusions publiques, dont elle le remerciait avec reconnaissance, le suppliant même de dire à tout le monde tous les péchés de sa vie. Ce que ne pouvant obtenir, elle déclarait devant ses sœurs les plus grands de sa vie et qui lui pouvaient causer plus de honte. Enfin, elle fit vœu de se réduire à l'état de sœur converse. Ce fut alors que le démon fit paraître une excessive désolation; il lui mettait dans l'esprit mille raisons pour ne pas entrer dans toutes les humiliations qui l'exerçaient.

Le Père travailla encore à mortifier la vivacité de l'esprit de la Mère, qui lui donnait un grand empêchement à la perfection. Elle reçut, en cette occasion, de grands secours de saint Joseph, dont elle a toujours expérimenté une protection paternelle.

Enfin, il combattit la paresse, qui est une certaine pesanteur opposée à la ferveur de la dévotion, par laquelle le diable fait entrer les autres vices. Le Père disait « que le venin de ce vice consiste dans un engourdissement qu'il fait couler dans les sens, par lequel l'âme souhaite le repos et demeure dans un état oisif, dans un vague entretien de ses pensées, dans un morne chagrin quand les choses ne lui réussissent pas. »

Ce vice fut reconnu assez tard dans la Mère; et, quand il le fut, tous les démons se mirent à le défendre comme leur dernier retranchement dans la partie sensible. La Mère ne s'en était pas aperçue elle-même; car, ordinairement, presque personne ne le connaît, parce qu'il ne porte pas directement au mal, mais à une certaine tiédeur qui empêche le bien. Enfin, cet homme de Dieu étudiait tous les gestes, toutes les paroles et toutes les actions de la Mère, pour y mortifier ce qu'il y pouvait apercevoir n'être pas l'esprit de Jésus-Christ. Elle, de son côté, correspondait fidèlement à une conduite si sainte.

Les diables, ne trouvant plus où se prendre, se disaient malheureux et paraissaient beaucoup souffrir d'être obligés à rester dans un lieu où ils n'avaient plus de retraite. Enfin, le temps ordonné par la divine Providence pour faire sortir les démons étant venu, ils furent tous chassés. C'est une chose remarquable que la Mère se vit délivrée de tous les démons qui la possédaient, par la sortie du dernier, qui la quitta sans exorcisme au moment qu'on lui présenta Jésus-Christ dans la sainte hostie et qu'on lui donna la communion.

CHAPITRE VINGT-NEUVIÈME

De la prudence de son zèle dans la conduite de la Mère des Anges.

Le Père Surin tenait pour maxime « que l'affaire de la conduite des âmes était plutôt une affaire d'oraison que de science, plutôt d'adoration que d'action, de patience et de vigilance que de paroles, plus de Dieu que de l'homme. »

Aussi disait-il « que le directeur se devait tenir tout en Dieu par sa lumière, par sa puissance et par l'emploi des vérités et de la doctrine de l'Évangile. » Ce n'était pas qu'il ne demandât de la science dans le directeur.

Le Père Surin, étant plein de l'esprit de Dieu, avait une force indicible pour amener les âmes à la perfection ; et il y a porté si efficacement la Mère des Anges, que sa vie peut servir de modèle à ceux qui y aspirent le plus saintement.

Il disait aussi que la conduite des âmes était une affaire de vigilance et de patience : ce que nous avons vu par son application extraordinaire à tous

19

les besoins de la Mère des Anges, veillant sur ses moindres actions pour ôter tout ce que la corruption de la nature y pouvait mettre, afin d'y introduire le seul esprit de Jésus-Christ. Mais, quelque ferveur que lui donnât son zèle, il attendait avec patience la bénédiction de ses travaux. Il disait, sur ce sujet, « qu'ordinairement il y a de la précipitation dans la conduite de l'homme, quelquefois même dans ceux qui sont le mieux intentionnés; que l'activité naturelle et l'empressement se glissent bien souvent dans les désirs de la perfection pour soi ou pour les autres »

C'est pourquoi il attendait avec une grande patience les effets des miséricordes de Dieu, sans jamais se rebuter des défauts des personnes. Il trouva la Mère des Anges dans la défiance de sa conduite; il lui trouva un cœur fermé et un esprit dissimulé à son égard; il voyait que tout ce qu'il faisait auprès d'elle était inutile, que les démons lui fermaient toute sorte d'entrée, qu'ils se vantaient même qu'il n'y en aurait jamais. Cependant il persévérait sans se rebuter, il souffrait sans impatience, il attendait sans se lasser; et, par sa patience et sa vigilance, il a triomphé de la nature et des démons. Il imitait en tout la conduite de Dieu, parce qu'il était mû et gouverné par son esprit. Cet homme de Dieu ne considérait pas les grands succès que Notre-Seigneur donnait à sa conduite, ni les progrès étonnants que la Mère des Anges avait faits dans les voies de la perfection, par ses avis. Il ne considérait pas non plus les dangers auxquels elle était exposée, quand il était éloigné d'elle par l'ordre de ses supérieurs et que la gloire de Dieu y semblait intéressée. Mais, étant tout à Dieu, il ne voulait que ce que Dieu voulait.

CHAPITRE TRENTIÈME

Réflexions sur plusieurs choses qui se sont passées
dans les religieuses possédées, à Loudun.

Le Père Surin estimait que l'une des raisons pour lesquelles Dieu le laissait vivre était pour apprendre aux autres les expériences qu'il avait faites dans la possession de Loudun. Et les démons, prévoyant le dommage qui leur en arriverait par la connaissance de leurs opérations, qu'ils tâchent de cacher autant qu'ils peuvent, disaient qu'ils perdaient beaucoup, toutes leurs opérations sensibles dans les possédés faisant assez voir ce qu'ils font dans les pécheurs.

Le Père Surin, dans une lettre, écrit « qu'il découvrait, dans ses emplois auprès des âmes, la malignité de l'esprit du démon, par ce qui s'était passé à Loudun ; que ce qui y paraissait à découvert arrive tous les jours secrètement dans ceux où le démon règne par le péché. N'ayant aucune force dans les hommes que par le vice, il établit en eux son empire par le droit qu'ils lui donnent en s'abandonnant aux inclinations de la nature corrompue, ce qui fait que, dans l'Écriture, il est appelé le prince du monde. » Enfin, il disait « que les opérations malignes du démon dans les possédés étaient un modèle de ce qui se passe souvent dans les âmes ; qu'il y avait plusieurs choses qui pouvaient beaucoup servir pour donner de grandes instructions non-seulement aux pécheurs, mais aux âmes qui s'appliquent le plus à la vie intérieure. » Il avait remarqué que Léviathan, le principal des démons possédants, s'appliquait particulièrement à posséder les personnes sans en donner de marques sensibles. Effectivement, il fut contraint d'avouer qu'il avait possédé la Mère supérieure treize mois, sans donner aucun signe de sa présence.

Le Père Surin remarquait très-judicieusement qu'on pouvait bien juger de la tyrannie des démons sur les âmes par celle qu'ils exercent sur les corps. Ceux qui ont vu des possédés dans leurs agitations, et qui ont connu quelque chose des peines qu'ils souffrent, ne peuvent s'empêcher de leur porter compassion. Si les démons traitent ainsi des personnes qui sont en grâce et dans l'amitié de Dieu, que sera-ce des âmes qui sont leurs esclaves ? Les démons avouèrent au Père Surin qu'ils avaient un domaine particulier sur les âmes qui s'étaient laissées

aller à leurs tentations, et que chaque démon tourmentait cruellement toutes les âmes qui s'étaient
perdues par ses diaboliques suggestions. « Hélas !
s'écrie le Père dans un écrit qu'il a laissé, les hommes
sont bien les pauvres souffre-douleur, n'étant que
faiblesse, comparés à ces puissants esprits qui sont
toujours dans une perpétuelle rage contre eux.
O pécheur ! si tu savais la dure servitude où tu te
réduis ! »

Ces puissances infernales disaient quelquefois,
dans les peines qu'elles souffraient par l'autorité
de l'Église, qu'elles s'en vengeraient bien sur les
magiciens qu'elles tenaient en enfer ; qu'elles souffraient dans ces corps, mais qu'elles leur rendraient
à milliers les coups qu'elles enduraient. »

Quand Béhémoth sortit de la Mère des Anges,
Dieu voulut lui faire sentir quelque communication de sa colère sur le démon. Ce n'en était que
peu de chose ; cependant elle assura « que, sans
une grâce spéciale, elle en serait morte. » Il se fit
en elle, dans un moment, une sensible impression
du malheur de l'âme que Dieu rejette, et, pour en
exprimer quelque chose, elle disait « que c'était
comme un foudre surnaturel qui avait abîmé son
âme ; que jamais elle n'avait senti rien de pareil. »
Cette impression lui laissa une haute notion de la

majesté de Dieu dans sa colère, et lui apprit combien c'est une chose épouvantable de l'avoir pour ennemi.

Le Père Surin disait : « Il n'y a rien de plus généreux que Dieu quand il voit une âme entièrement déterminée à le servir. Comme il est tout-puissant, il faut que tout l'enfer lui cède. Quelques oppositions qui viennent de ses habitudes et inclinations, quelque secours que l'enfer puisse donner à une nature corrompue, quelque infirmité qui soit dans cette âme, si elle a une bonne volonté qui soit sincère, mettant sa confiance en Dieu, qui ne rebute aucune des personnes qui veulent combattre sous les enseignes de son Fils et qui se servent des moyens qu'il a prescrits, comme de l'oraison et de la mortification, elle triomphera glorieusement. » — « Mais si l'âme, disait-il encore, n'a pas une volonté tout à fait déterminée à ne rien omettre de ce qui plaît à Dieu, elle se trouvera bientôt et tout à coup arrêtée par la moindre considération du respect humain, de l'intérêt ou de la sensualité. Une bonne volonté a la force de fouler aux pieds tout l'enfer, mais elle est bien rare. C'est pourquoi il y en a si peu qui arrivent à la perfection. On veut, mais faiblement ; on n'a qu'une demi-bonne volonté. Les anges apostats sont contraints d'annoncer malgré eux cette vérité. On les entendait dire souvent : *Nous bravons l'Église, nous nous moquons des prêtres, nous tenons contre les Sacrements, mais nous ne pouvons résister à la bonne volonté, car il en faut passer par où cette chienne de bonne volonté veut.* »

Le Père Surin avait remarqué dans les religieuses possédées « que non-seulement les démons faisaient de grands efforts pour détourner les âmes de l'affaire de leur salut, mais qu'ils travaillaient encore de toutes leurs forces pour empêcher qu'elles n'arrivent à la perfection, qu'ils craignent extrêmement, d'autant qu'une de ces âmes rend beaucoup plus de gloire à Dieu qu'un grand nombre d'autres imparfaites, et parce qu'ils en reçoivent des dommages très-grands. »

C'est ce qui lui faisait enseigner « qu'il fallait s'étudier à découvrir ce qu'il y avait d'orgueil, de sensualité, et les autres passions, dans une âme, parce que c'est où le diable tient fort, et qu'encore que les attaches soient quelquefois légères et qu'ainsi elles n'aillent pas précisément à la damnation, il suffisait qu'elles servent d'obstacles à la perfection et combattent la parfaite union avec Notre-Seigneur Jésus-Christ, pour ne les pas négliger. »

Et, à ce propos, il gémissait sur le peu de lumières des hommes, dont un si grand nombre ne pensent qu'à éviter la damnation ou à la faire éviter aux autres. « Cela est bon, disait-il; mais n'est-il pas bien juste de penser et de s'appliquer à faire en sorte que Jésus-Christ règne dans les cœurs par un parfait assujettissement à son divin empire? C'est pourquoi le directeur doit beaucoup s'étudier à ne rien négliger des imperfections qui se trouvent dans les personnes qui demandent son avis. Il doit prendre garde si elles ne sont point attachées à leurs aises, veiller sur mille petits desseins qui les captivent; si elles ne sont pas trop faciles à juger des autres, trop précipitées dans leurs paroles, trop empressées dans leurs actions, trop opiniâtres dans leur propre sens, trop désireuses de venir à bout de leurs entreprises et que les autres leur cèdent; si elles ne sont point trop curieuses de nouvelles, et surtout si elles se soucient encore du point d'honneur et craignent le mépris; si elles ne sont pas assez persuadées des maximes de l'Évangile, du bonheur de la pauvreté, de la douleur et de l'abjection, de la nécessité de renoncer à soi-même et de porter sa croix. Il doit veiller sur leurs imperfections habituelles et ne laisser rien qui puisse faire obstacle aux desseins de Dieu. »

20

Il avait vu par expérience que les moindres négligences donnaient de grandes prises aux démons. Y a-t-il rien de plus étonnant que ce que nous avons rapporté de la Mère des Anges? Parce que l'esprit de nature s'y était mêlé, elle servit de jouet durant quelque temps aux démons, qui la laissèrent même dans de grands sentiments de désespoir, pour une faute à laquelle elle avait fait peu d'attention.

Il connaissait aussi que les démons avaient peur de tenter ceux qui leur résistent dès le commencement de leurs tentations. Ce qui fait qu'ils sont un temps sans oser les tenter, parce que la résistance qu'on leur fait d'abord est une victoire que ces esprits orgueilleux redoutent et qui donne à l'âme un empire sur eux. Au contraire, la négligence à repousser leurs tentations, quoiqu'elle ne soit pas entièrement volontaire, leur donne beaucoup de prise.

Le Père avait remarqué que le démon portait de toutes ses forces à la dissimulation, étant ennemi de toute sincérité. Il disait aussi « que l'oraison, la mortification et l'humilité étaient les grands moyens pour combattre efficacement les démons et remporter sur eux une glorieuse victoire. » Il avait vu par expérience que l'oraison était quelquefois si terrible à ces esprits d'enfer, que quelquefois ils prenaient la fuite quand il la faisait faire à la Mère des Anges, qui voyait sensiblement le démon sortir de son corps lorsqu'elle s'y appliquait, et se tenir en forme de chien noir proche d'elle sans oser remuer, jusqu'à ce que le temps de l'oraison finît, et au même instant elle le voyait rentrer en elle.

Pour faire connaître que ce n'est point dans les tendresses à l'oraison que consiste la dévotion, voici ce qui arriva à la Mère des Anges. S'étant beaucoup préparée pour la fête de la Purification, elle fut bien surprise lorsque, ce saint jour étant venu, elle se trouva sans aucun goût ni sentiment, et sans les consolations qui lui avaient été ordinaires depuis un temps considérable. Les larmes et les sensibilités lui furent ôtées. Pour lors, le Père lui dit : « Voilà le don de la sainte Vierge, qui vous a tirée de l'enfance pour vous donner une nourriture solide. » La Mère, après cela, s'écriait : « Mon Dieu, que d'imperfections dans les larmes, que de recherche de soi-même dans ces tendresses ! »

Les démons déclarèrent que, lorsqu'ils tentaient une âme et qu'elle se défendait par les armes de l'oraison et de la mortification, ils en souffraient beaucoup par des peines accidentelles qui leur étaient données soit immédiatement de Dieu, soit par le ministère des saints anges. « Nous résisterons bien, disaient-ils, aux exorcismes, mais non pas à la mortification. » La Mère des Anges le vit par son expérience, car, ayant été délivrée de l'erreur où elle était que, étant possédée, elle ne pouvait pas venir à bout des démons, quand elle s'appliqua à l'oraison et à la mortification, elle en devint maîtresse et eux ses esclaves. Elle vit que rien n'est impossible à une âme unie à Jésus-Christ par le dégagement de toutes choses. Le Père Surin avait reconnu clairement que toutes choses coopèrent au bien de ceux qui aiment Dieu.

Quant à la Mère des Anges, elle assurait « que, ensuite des maux qu'elle souffrait de la possession, elle jouissait de si grandes consolations, que la douceur qu'elle y goûtait durant une heure la récompensait bien de toutes les peines, quoique terribles, qu'elle avait endurées. »

CHAPITRE TRENTE-UNIÈME

De son zèle invincible dans la grandeur et la multitude
de ses croix.

Après avoir parlé des inclinations du Père Surin
pour les croix, dont on peut dire qu'il avait une
soif insatiable, il faut montrer présentement qu'il
les a aimées efficacement par le saint usage qu'il
en a fait. Ayant toujours soupiré après les souffrances, il les a reçues avec un profond respect
lorsqu'elles sont arrivées. Il a dit à des personnes
de confiance « que plusieurs fois on lui avait présenté la croix en des vues surnaturelles qui lui
avaient été données, mais qu'un jour de l'Invention
de la Croix on lui en présenta une grande, sur laquelle il fut effectivement renversé et cloué pieds
et mains avec des douleurs extrêmes. »

Il faut avouer que ce crucifiement extérieur lui
a fait porter heureusement une sainte ressemblance
avec son divin Maître crucifié. Mais, quelques douleurs qu'il y ait pu endurer, elles n'ont été que la
figure du reste de ses croix. Car, humainement

parlant, il eût dû succomber sous le poids, qui surpassait ses forces.

Il a écrit « qu'il pouvait dire la même chose que la bienheureuse Angèle de Foligni : que ses peines avaient été si grandes, qu'il ne pensait pas qu'on les pût concevoir; que ce qu'il avait écrit était bien au-dessous de ce qu'elles étaient; qu'il n'avait point de termes qui y fussent proportionnés; qu'il regardait les maux où il était comme une rivière où il vogait pour l'autre monde. »

Après cela, je ne suis pas étonné si les médecins ignoraient la cause de ses maux. Je ne suis pas surpris si une servante de Dieu l'ayant prié de lui en faire savoir quelque chose, elle se trouva réduite dans un état pitoyable et liée durant quelque temps par des liens invisibles. En vérité, l'ange gardien de la Mère des Anges avait bien sujet de lui dire que l'adorable Jésus le tenait par la main, puisqu'il lui semblait encore que Notre-Seigneur lui épargnait les croix et qu'il le traitait trop doucement. Cependant il n'y a rien de plus surprenant que ce qu'il a souffert et la manière en laquelle il a souffert. Représentez-vous un homme dont les tourments surpassent ce que l'on en peut penser, qui a enduré presque toute sa vie, quoique ce n'ait pas toujours été de la même manière; qui a été crucifié au corps et à l'esprit, dans sa vie naturelle, civile et spirituelle; qui a souffert de la part des hommes, des démons et de Dieu même : voilà l'état du Père Surin, état qui renferme l'assemblage de toutes les croix.

Il a porté un état où il lui semblait avoir deux âmes : l'une, qui donnait des inclinations bien éloignées des siennes, qui le réduisait dans une extrémité de misères ; l'autre, qui le tenait dans une très-parfaite paix et recueilli en Dieu. Il trouvait dans cet état, ainsi qu'il s'exprime, le paradis et l'enfer tout ensemble ; il y sentait en même temps des impétuosités très-grandes du divin amour et des rages extrêmes contre Dieu. Son âme lui paraissait comme partagée : selon une partie, elle était le sujet des plus horribles impressions diaboliques, et, selon l'autre partie, le sujet des plus purs mouvements de l'esprit de Dieu ; en même temps, il expérimentait une grande paix, une grande union avec Dieu, et une grande tristesse, un grand trouble et un grand éloignement de Dieu. Parmi tous ces mouvements si différents, quelquefois son âme était comme retirée à l'écart dans la partie supérieure, regardant ce qui se passait dans l'autre et jouissant d'un profond repos dans la suprême région de l'esprit. Pour lors, il éprouvait bien que sa volonté ne consentait pas à ce qui se passait dans sa partie inférieure, soit raisonnable, soit sensitive. D'autres fois, il avait de la peine à découvrir de quel esprit venaient ces opérations et l'usage qu'il en faisait librement. Enfin, il entra dans une obscurité étrange, dans laquelle il ne discernait plus rien, ce qui lui fut une terrible peine. Cependant il ne laissait pas d'être aussi fidèle à Dieu que lorsqu'il en avait une lumière distincte dans sa partie supérieure.

Il fut attaqué d'horribles pensées contre la foi, contre Jésus-Christ et ses mystères. Il dit « que le diable lui mettait dans l'esprit tant de raisonnements, et si subtils, contre les vérités de la religion, qu'il en eût bien composé des livres. » Par surcroît de peine, il eut celle de la réprobation, qui lui faisait penser qu'il était rejeté de Dieu, qu'il en était réprouvé et qu'il était tombé dans cet état par quelques péchés secrets. Les démons ne se contentèrent pas de le tourmenter de cette peine par leurs impressions malignes : l'un d'eux lui apparut sous la forme de Notre-Seigneur lui prononçant sa sentence de réprobation. Quelle étrange peine dans cet état ! Il était tout pénétré d'une haute et divine notion de l'amabilité de Dieu dans son fond ; quoiqu'il ne s'en aperçût pas, il portait une inclination très-puissante à l'aimer, et en même temps il croyait qu'il ne l'aimerait jamais : c'est ce qui le faisait fondre en larmes.

Toutes ces peines l'inondaient comme une espèce de déluge. La tentation du désespoir l'attaqua ensuite, ce qui lui fut une horrible souffrance, car à peine cette tentation le quittait-elle, soit le jour, soit la nuit. Il en était poursuivi jusqu'à être tenté de se tuer. Le lecteur ne doit pas être surpris de ces peines. Saint Bonaventure enseigne qu'elles arrivent quelquefois à ceux qui sont le plus à Dieu. Sainte Magdeleine de Pazzi a été tentée de se tuer par des mouvements violents que lui causaient les démons. Que n'a point souffert la bienheureuse Angèle de Foligny, par les pensées de réprobation et de désespoir! Saint François de Sales dit qu'il est difficile de lire ses peines sans en avoir pitié. Elle dit d'elle-même « qu'elle était comme un corps pendu, qui ne peut mourir ni se soutenir, mais qui est comme étouffé sans perdre la vie. » Elle était tellement tourmentée, qu'elle se croyait privée de la grâce et abandonnée de Dieu. Il lui semblait que ses passions, irritées contre elle, l'accablaient : tantôt elle pleurait amèrement, tantôt elle était agitée d'une fureur extraordinaire. Les démons lui faisaient arracher les cheveux et se martyriser le corps et la tête. Elle appelait la mort à son secours ; elle disait à Dieu : « Seigneur, si je dois aller en enfer, jetez-moi au plus tôt dans cet abîme ; vous m'avez abandonnée : ce m'est une damnation assez cruelle. » Ne semble-t-il pas que la sainte était dans un véritable désespoir? Cependant tout cela ne se passait que dans la partie inférieure : la volonté n'y consentait jamais, quoiqu'elle ne sût comment elle y résistait.

Le Père Surin eut non-seulement l'esprit abîmé dans une mer d'absinthe, mais il eut aussi le corps accablé sous le poids des peines. Comme il était en quelque sorte consumé par la douleur, les viandes les plus excellentes étaient sans goût pour lui, le vin lui semblait de l'eau. Pendant un certain temps, lorsqu'il voulait prendre quelque nourriture, les démons l'en empêchaient ; s'il voulait boire, ils lui arrêtaient le bras. Il a été longtemps sans pouvoir lire, et près de vingt ans sans pouvoir écrire, sans pouvoir s'habiller et se déshabiller, en sorte qu'il était obligé de coucher tout vêtu. Il demeura muet huit jours sans pouvoir se confesser que par signes. Plusieurs personnes considérables ne laissaient pas de lui rendre visite dans cet état, l'estime qu'elles faisaient de son éminente vertu les attirant à le voir.

Enfin, il fut réduit dans une telle extrémité, qu'il ne pouvait pas marcher ; à peine avait-il l'usage de ses mains. Il fut pendant quinze ans qu'il ne pouvait pas regarder distinctement les choses, et réduit à être de cette sorte dans une chambre. Tout cela n'est encore qu'une partie de ses souffrances corporelles, dont les médecins ignoraient la cause et que les remèdes ne servaient qu'à augmenter. Il a aussi souffert de très-grands maux de tête, qui lui ont duré jusqu'à la mort. Dans cet état, ce qu'il y avait de particulier, c'est que, dans ses souffrances de l'esprit et du corps, les démons lui faisaient faire toutes sortes d'extravagances extérieures, qui donnaient un juste sujet de croire qu'il était fou. Et l'usage parfait de la raison, qui lui est demeuré, ne servait qu'à le rendre plus misérable, par la connaissance qu'il lui donnait des mépris et des rebuts que l'on avait pour lui.

Il souffrait de toutes parts : de la terre et du ciel, des hommes et des démons, des saints et de Dieu même. Il souffrait des hommes, qui le regardaient et le traitaient en extravagant. Il souffrait non-seulement des personnes sans vertu ou d'une vertu commune, mais, ce qui est une des plus grandes peines, il souffrait des plus grands serviteurs de Dieu, qui ne connaissaient pas ses états. Il souffrait des démons en plusieurs manières. Isacaron ayant commencé de l'obséder, Léviathan vint à son secours et fit tous ses efforts pour le pousser à bout. Ce fut une chose étonnante, je ne sais si l'on en a vu une pareille, qu'un ministre de l'Église, dans le même temps qu'il exerce ses fonctions et qu'il exorcise les démons, en soit lui-même possédé et qu'il ait besoin qu'on l'exorcise, les démons passant tout à coup de la personne exorcisée dans celle de l'exorciste.

Ces esprits d'enfer lui apparaissaient sous des formes monstrueuses. Il les sentait aller dans tous ses membres et dans ses entrailles. Ils le mordaient, ils lui donnaient des maux de cœur par des oppressions continuelles ; ils semblaient vouloir l'étouffer et se servaient de ce saisissement de cœur et d'une violente douleur de tête pour tenir ses facultés extérieures comme liées et opprimées. Il avait comme une nuée pesante qui lui voilait l'esprit et lui ôtait la vigueur des pensées, la facilité des conceptions et la force de l'action.

Les démons s'étant aperçus de la ferveur que le Père avait mise dans les religieuses possédées, par les conférences qu'il leur faisait avec un esprit apostolique, leur montrant que, malgré leur possession, elles pouvaient arriver à un haut degré d'union avec Dieu par l'oraison et la mortification, et que l'extrémité de leurs peines, bien loin de les en empêcher, leur était un grand moyen et un puissant secours; ces esprits malheureux, outrés de rage à la vue du succès que l'esprit de Dieu donnait aux entretiens de son serviteur, le réduisirent dans un tel état, qu'il ne pouvait plus former aucune conception des choses divines qui ne lui fût aussitôt ôtée et qu'il ne demeurât comme stupide. Cet état fut une de ses plus grandes peines, parce qu'il lui ôtait tout moyen de soutenir par ses entretiens les âmes affligées. Ce qui augmentait encore son tourment et le rendait bien cruel, c'était l'étroite liaison qu'il était contraint de supporter avec l'esprit diabolique, qui s'unissait si fortement à lui, qu'il disait : « Il me semble, au moins dans ce que je ressens, que le démon agit en moi comme si c'était sur son propre esprit. »

Enfin, il écrit « que, durant ses peines, il semblait que toutes les créatures fussent armées contre lui et que Dieu fît des miracles pour s'en servir à le tourmenter. » La sainte Vierge ne lui paraissait que dans une sainte colère. Il ne voyait les saints que comme des personnes qui lui étaient justement opposées. Mais, par-dessus tout, il voyait encore Dieu qui lui était contraire et qui, après s'être servi de toutes ses créatures, voulait encore le frapper de sa divine main. « Je sens, disait-il, non-seulement des coups des démons, mais encore de la main de Dieu ; je porte la confusion de sa part aussi bien que de celle des hommes ; je suis encore insupportable à moi-même, et l'objet de la plus horrible justice que les hommes puissent concevoir. »

C'est de cette sorte que Notre-Seigneur lui apparut plusieurs fois ; et il croyait qu'il se faisait voir de même à la mort aux âmes criminelles qu'il condamnait aux enfers. « Ah ! plût à Dieu, disait-il, que les hommes, qui le craignent si peu, eussent quelque vue de l'autorité et de la majesté sévère de cet Être suradorable dans son courroux de la manière que je l'ai senti. » Il passait les nuits entières dans ces vues de la majesté de son Juge et de sa rigueur inexplicable.

« Quel sujet de bénédiction, s'écrie-t-il ensuite, quelle faveur de sentir de quel état Jésus-Christ m'a tiré, et combien grande est sa rédemption, non plus par ouï-dire, mais par quelque sorte d'impression de cet état ! »

Quel spectacle de croix ! Que fera-t-il dans cet état ? aura-t-il recours aux hommes pour recevoir quelque consolation ? Mais la plupart le regardaient comme un fou et un insensé; et les autres ne servaient qu'à augmenter ses peines. Quelques-uns, qui étaient pieux et doctes, lui disaient que ses peines étaient un châtiment de sa superbe et de son élévation présomptueuse. Quelques autres, prenant le sentiment de ses tentations pour un consentement, les regardaient comme des péchés énormes. S'il s'en trouvait quelqu'un qui lui assurât que ce n'était qu'une épreuve de sa constance, il pensait être trompé, et qu'il ne le connaissait pas.

Si les hommes l'abandonnent, il pourra du moins avoir recours à Dieu. Mais s'il veut élever son esprit vers lui, Dieu permet au démon de lui en ôter la liberté. Si elle lui demeure, la vue et le recours à Dieu ne servent qu'à le crucifier. Il est tenté de doutes effroyables; si ces doutes lui donnent quelque relâche, il ne voit Dieu qu'en colère contre lui. Si on lui conseille d'espérer en sa miséricorde, les impressions de réprobation qu'il souffre l'en empêchent; son imagination est toute remplie de pensées de désespoir. Si on lui parle de recourir à la sainte Vierge, aux saints et aux anges, pour apaiser la colère de Dieu, il ne les voit qu'armés de foudres pour le punir. Si on lui propose quelque bon livre pour y trouver quelque lumière, il ne peut lire. Si on lui dit de se servir des moyens divins, comme de célébrer la sainte Messe pour y trouver la force, il ne le peut. Si l'on est d'avis qu'il prenne l'air, il n'a pas la liberté de marcher. Et, comme nous l'avons dit, il fut quinze ans qu'il ne pouvait pas regarder les objets distinctement. Si, dans le temps qu'il pouvait marcher, il va dans quelque église pour assister au sermon, ce lui est un accroissement de peines. Entrant un jour dans une église à Bordeaux où l'on prêchait, le prédicateur criant fortement qu'il y avait des personnes qui portaient partout leur condamnation, il ajouta : « Et il y a de ces personnes qui m'écoutent présentement qui sont actuellement dans cet état. » Ainsi, tout contribuait à le désoler et à l'accabler.

Il faut avouer que c'est un état de croix des plus terribles, si l'on joint la durée des peines à leur extrémité. Avant son arrivée à Loudun, il y avait quatre ans qu'elles avaient commencé, en étant dès ce temps accablé dans l'esprit et dans le corps, en sorte qu'il ne pensait plus qu'à mourir. A peine fut-il arrivé à Loudun, que son obsession secrète commença, et, peu après, son obsession ou possession publique. Ses peines de réprobation, que l'on peut appeler peines infernales, lui ont duré vingt ans. Enfin, comme ses peines ne l'ont quitté qu'à la soixante-unième année de son âge et qu'elles avaient commencé à la trentième, voilà trente et un ans de souffrances. Encore ses douleurs de tête lui ont duré jusqu'à la mort, et plusieurs contradictions de la part des hommes ont continué après sa mort. Il ne faut pas oublier que ses peines augmentaient les jours de grandes fêtes comme les jours précieux où les plus pures et les plus saintes grâces se communiquent avec plus d'abondance.

Il faut remarquer une chose considérable, qui est que le Père Surin a dicté son Catéchisme spirituel et autres écrits dans le temps de ses plus grandes peines. Sur quoi l'on pourra juger qu'il devait avoir de grandes lumières sur les tourments qu'il souffrait; ce qui pouvait beaucoup le consoler et même lui faire connaître la bonté et la sainteté de ses états. Mais, chose étonnante! lorsqu'il dictait une doctrine si pleine de lumière, où il parlait des peines que souffrent les âmes exercées, il pensait que cela ne le regardait en rien et qu'il n'était pas de ce nombre. Il a même assuré que, en dictant ces choses, il sentait une extrême horreur et qu'il endurait une espèce d'enfer. Que s'il avait quelquefois de certaines lumières, cela passait bientôt, et il se trouvait incontinent dans un état à ne pouvoir faire la moindre réflexion. Ses sentiments de réprobation lui demeuraient toujours ; il est vrai que, les deux dernières années de cette peine, il respirait par intervalles; mais il était pour lors, ainsi qu'il l'a écrit, « comme un prisonnier qui serait dans un lieu où toutes les fenêtres seraient fermées et à qui, par grâce, on les ouvrirait un peu de temps pour lui faire voir le jour, sans néanmoins le tirer de la captivité. »

Finissons ce chapitre en appliquant à l'homme de Dieu ce qui est écrit de Job : « qu'au milieu de tant de peines il n'a point péché. » Son âme, dans la patience, persévérait toujours dans une constante fidélité à Dieu.

Il est certain que ses peines lui ont beaucoup servi à mener une vie pure et dans une très-grande innocence, n'ayant presque point d'autres matières dont il pût se confesser que les tentations dont il était persécuté, auxquelles il ne consentait jamais. Ainsi, bien loin de lui être des sujets d'offenses, elles lui étaient une matière d'un grand mérite. Il s'y comportait même avec une générosité qui, sans doute, donnait une grande joie aux anges.

A la fin de sa vie, il protestait « qu'il n'eût pas voulu changer sa bonne fortune avec une autre ; qu'il ne savait rien de meilleur que d'être réduit sous les plus pesantes croix; qu'au reste il n'y avait rien à perdre au service d'un si grand Maître, dont les effets surpassent toutes les promesses; que nonobstant toutes les peines qu'il y avait souffertes, il faisait une haute protestation qu'il n'y avait rien au monde d'égal à l'honneur de le servir et de demeurer entièrement abandonné à sa divine conduite. »

CHAPITRE TRENTE-DEUXIÈME

La magnificence de la grâce de Jésus-Christ répandue sur le Père Surin.

Le Seigneur *mortifie et vivifie,* dit la divine Ecriture. Ce Dieu d'une puissance et d'une bonté infinie plonge dans les abîmes et élève jusqu'aux cieux. C'est ce que le Père Surin a éprouvé. Après avoir été dans une mer d'afflictions, ses transports furent si grands qu'il proteste « qu'il ne les saurait dire, qu'il ne sait à quoi les comparer, et qu'on ne peut les comprendre. »

Il écrit « que la joie du Seigneur venait à lui comme une mer qui se décharge dans un petit vaisseau, et qu'ainsi il en regorge ; en sorte que si auparavant les flots de la colère de Dieu l'avaient comme submergé, pour lors il se trouvait tout inondé de ses divines consolations. »

Il disait même « qu'il ne savait pas comment sa joie et sa paix pourraient s'augmenter sans en mourir, étant des torrents de biens si grands, qu'il ne sait comment ni à qui les dire ; qu'ils sont au delà de toute mesure, et qu'il fallait attendre à l'autre vie pour en donner une pleine connaissance. »

Dieu avait voulu se servir des démons pour lui prédire qu'après ses maux il aurait plus de joie qu'il n'en pourrait porter.

Cette joie ineffable est un état du pur amour qui, unissant l'âme à Dieu seul par un dégagement entier de tout l'être créé, la fait entrer dans une glorieuse participation de ses divins plaisirs. Ainsi le Père Surin avait raison de dire « que le culte parfait de Dieu était la véritable félicité de cette vie, parce que la félicité, qui est un assemblage de toutes sortes de biens, se trouve dans l'entière union avec Dieu. » Ainsi, il remarquait qu'il n'y avait point de gens de meilleure humeur que les saints, parce que la joie parfaite est inséparable de leur cœur. Il faut, néanmoins, se souvenir que souvent cette joie, qui surpasse tout sentiment, n'est point aperçue dans la partie inférieure raisonnable et sensitive. Mais, quand il plaît à Dieu de la faire descendre de la partie supérieure de l'âme jusque dans l'inférieure et la faire goûter en quelque chose dans les sens, c'est un avant-goût du paradis.

C'est ce qui arriva à l'homme de Dieu les deux

ou trois dernières années de sa vie. Il disait « qu'il lui semblait que l'amour divin était la seule vie de son esprit. » Et, écrivant dans une entière confiance à la Mère des Anges, il lui mande : « Il n'y a rien en moi que Dieu ne convertisse en l'attrait du pur amour, par une joie qui est inexplicable et incompréhensible ; car il la tire des choses mêmes qui ne semblent pas être propres à donner ces sentiments pour l'aimer ; la vue d'un cheveu, de la moindre chose qui se présente à mes yeux, me transporte et me remplit de saints mouvements pour aller et être uniquement à Dieu seul. Mon cœur est à son égard comme celui d'un enfant à l'égard de son père : il repose dans son sein avec des délices continuelles. C'est une douceur qui m'abîme et me noie durant tout le jour. »

Il avait un commerce perpétuel de son âme avec Dieu, que la nuit n'était pas capable d'interrompre.

S'il allait célébrer le saint sacrifice de la messe, il se trouvait dans une paix merveilleuse ; la divine Eucharistie ne le remplissait pas seulement d'une suavité inexplicable dans l'esprit, mais elle lui donnait un goût, une douceur ravissante et sensible, toutes ses inclinations étant passées dans les inclinations de Jésus-Christ.

S'il se mettait en retraite, il semblait que tout

le paradis lui tombait. Voici ce qu'il en écrit : « Je ne suis encore qu'au premier jour de ma retraite ; et, dès que je me suis présenté devant Dieu, il m'a semblé que les cataractes du ciel étaient ouvertes ; mon âme s'est trouvée toute blessée d'amour et avec une sincérité d'enfant liée à Notre-Seigneur. Le mouvement qu'il me donne est bien fait pour me laisser abîmer en Dieu et y demeurer comme perdu ; mais les flammes du divin amour qui me brûlent délicieusement sont si grandes, que je ne sais comment je les pourrai supporter sans mourir. »

Il semblait qu'il était sorti d'une espèce d'enfer pour entrer en paradis. Dieu, tout bon, prenait plaisir quelquefois à revêtir tous les objets qui se présentaient à ses yeux d'une beauté ravissante et à lui faire entendre des voix angéliques. Il s'est vu tout investi de flammes sacrées et tout environné de clartés célestes, qui paraissaient sensiblement aux yeux du corps ; enfin il lui semblait être dans la gloire. Il a eu le don de prophétie, et souvent il entendait des paroles intérieures qui lui découvraient les choses absentes et éloignées et qui devaient arriver. Mais il remarque une chose qui est bien à considérer et qui est que le démon se mêle facilement dans ces sortes de paroles, qu'il contrefait celles qui viennent de Dieu, et qu'il l'avait reconnu par sa propre expérience.

Notre-Seigneur lui promit de lui donner ses plaies; il les lui donna effectivement, quoiqu'elles ne parussent pas à l'extérieur, les ayant gravées seulement dans l'intérieur. Le Père assurait que « c'était une des grâces qui opéraient dans son âme de plus grands effets. » Il a eu la faveur de communier de la propre main de Jésus-Christ. Il a eu de hautes notions qui ne se peuvent expliquer du mystère de la sainte Trinité. Les trois Personnes divines lui furent présentées dans des lumières tout extraordinaires : tantôt le Père éternel lui parlait en des manières qui se peuvent bien plus admirer que dire, tantôt le Verbe incarné, tantôt le Saint-Esprit; il semblait que la terre fût changée en ciel.

Nous avons remarqué que dans sa jeunesse il eut une connaissance admirable de tous les attributs divins. La même grâce lui fut réitérée à Loudun; ayant entendu distinctement ces paroles : « Je te veux faire voir mon être divin, » il se retira à l'écart, et là il lui parut comme un éclair de gloire où il vit des choses qui surpassent nos pensées. Au milieu de toutes les inondations de tous ces plaisirs du ciel, il entendait qu'on lui disait ces paroles : « Eh bien, Dieu est-il bon ? »

Il assurait « que la nature n'eût jamais pu porter les délices qu'une joie si pure lui causait, sans un soutien extraordinaire. »

Les heureuses expériences qu'avait le Père Surin le portaient à inviter tout le monde au mépris de toutes les choses de la terre, disant « que c'était la dernière folie de s'y arrêter en perdant pour des bagatelles du monde des richesses immenses du paradis. » Il disait « que c'était à la pure foi que se terminaient tous les autres états de grâce en cette vie. » Aussi affirmait-il « que tous les torrents de joie dont il était comblé vers la fin de sa vie ne lui étaient donnés que par une idée générale et confuse de la foi. » Enfin, il faut remarquer avec lui que ces grâces si douces, si ravissantes se trouvent quelquefois compatibles avec une grande pauvreté et un grand délaissement dans la pure foi. C'est pourquoi il assurait « que, au milieu de tous ces états célestes dont il était favorisé, ses obscurités étaient quelquefois assez grandes. »

CHAPITRE TRENTE-TROISIÈME

*Le triomphe du zèle de la gloire de Dieu dans la précieuse
mort du Père Surin.*

La mort du Père Surin a été une de ces morts
précieuses et bienheureuses devant Dieu. S'il disait « qu'il lui semblait que le pur amour de Dieu
le faisait vivre, » nous pouvons dire qu'il semble
que le pur amour de Dieu l'a fait mourir. Le ciel,
qui prend plaisir de révéler ses plus grands secrets
à ceux qui ne tiennent plus à la terre, voulut manifester au Père Surin le temps de sa mort durant
une des veilles sacrées qu'il faisait souvent la nuit
aux pieds de son aimable Maître au très-saint
Sacrement de l'autel.

A quelque temps de là, il tomba malade de trois
sortes de maladies, dont la moindre était capable de
le faire mourir. Ce fut le jour de la fête de saint
Joseph, ce qui dura jusqu'au vendredi saint. Le
mal s'aggrava en ce jour et le conduisit à la fin de
sa vie, quelques semaines après. Durant ce temps,
il fut fort travaillé de coliques, d'une grande

oppression, d'un abattement et d'une faiblesse extraordinaires et d'hydropisie. Mais tous ces maux ne firent aucune impression sur la vigueur de son intérieur, où il conserva toujours une parfaite paix, possédant toujours son âme en patience, souffrant toutes ces douleurs avec une douceur édifiante, n'ayant de peine que lorsqu'il s'apercevait qu'on avait pour lui quelque estime, ayant témoigné « qu'il aurait été très-content de mourir comme il avait vécu, dans le mépris des hommes. »

Mais l'application qu'il eut à Dieu est bien remarquable. Il semblait que tous ses maux ne servaient qu'à lui donner une attention plus vigoureuse et plus actuelle à Dieu. Le cœur du Père Surin, qui était un de ces cœurs généreux dans le divin amour, était toujours collé au Dieu de son amour. Il semblait, par ses divins mouvements, qu'il voulait s'élancer sans cesse en Dieu par la séparation de son corps. Lorsqu'on lui disait qu'il tâchât de modérer un peu ses ferveurs sacrées, qu'il exprimait au dehors par des paroles toutes de feu, de peur que cela n'altérât sa santé : « Ah ! répondait-il, c'est ce qui n'est pas en mon pouvoir. »

L'amour, aussi bien que le feu, a de la peine d'être caché. C'était même un tourment pour le Père que d'être quelquefois assoupi, parce que dans ce temps il ne pouvait pas penser actuellement au Dieu de son amour. Il en parlait d'une manière si sublime, qu'il semblait que ce fût quelque personne descendue du ciel par le mépris qu'il faisait de toutes les choses de la terre. Il avait une onction si divine, qu'on en était aux larmes. Plusieurs personnes de qualité, qui l'entendirent parler des vanités du monde et du mépris qu'il en fallait faire, de l'estime que l'on devait avoir pour les choses du ciel, de l'éternité et du Dieu du ciel, en demeurèrent toutes ravies.

Son cœur et ses paroles ne respiraient que des tendresses incroyables pour Notre-Seigneur Jésus-Christ. Son zèle pour cet aimable Sauveur l'avait comme absorbé; car, n'en ayant jamais été séparé dans sa vie, il devait bien lui être uni en sa mort. Cet amour ardent qu'il avait pour cet adorable Sauveur l'avait pressé de demander qu'on lui accordât tous les jours, pendant sa maladie, la sainte communion, ce qui lui fut accordé. C'était dans cette nourriture divine qu'il prenait ses délices, et c'était avec un courage sans pareil que, pour jouir de ce bien infini, il se contraignait à ne rien prendre, quelque abattu qu'il fût, depuis minuit jusqu'à quatre heures, qu'on lui donnait ce gage de notre salut.

Il reçut le saint Viatique et l'Extrême-Onction avec une dévotion tout à fait édifiante, en présence de tous les religieux du collége, à qui il témoigna, avec une simplicité et une humilité tout extraordinaires, les sentiments de son cœur sur l'état dans lequel il avait vécu devant les hommes, leur marquant « qu'il était très-content d'avoir vécu dans le mépris. » Ensuite il leur demanda pardon de toutes les fautes qu'il avait commises, et en particulier de tous les mouvements irréguliers qu'ils avaient remarqués en lui et qui pouvaient les avoir mal édifiés, protestant en simplicité « qu'il avait toujours eu le cœur fort sincère en ses paroles. » Les religieux furent si touchés, qu'ils fondaient en larmes. Il témoigna aussi la reconnaissance où il était pour la grâce de sa vocation à la Compagnie.

Enfin le serviteur de Dieu quitta la terre pour aller au ciel, par de nouveaux élancements d'amour qui l'y élevèrent heureusement le 21 avril, sur les dix heures du soir, en l'année 1665, âgé de soixante-cinq ans. A peine eut-il expiré, que son visage parut plus beau et plus doux qu'il n'était durant sa vie. Aussitôt, plusieurs personnes de mérite se saisirent de ses cheveux ou de quelque chose qui lui eût appartenu, par l'estime qu'elles avaient en ses intercessions auprès de Notre-Seigneur, qui a bien voulu marquer le pouvoir dont il jouissait, par les merveilles qu'il a opérées en sa faveur.

La nuit même qu'il sortit de cette vie, voici ce qui arriva à une sainte religieuse carmélite avec laquelle la charité de Jésus-Christ l'avait lié particulièrement. Comme elle commençait à dormir environ deux heures après sa mort, elle fut éveillée par une voix fort douce qui, lui parlant à la manière du Père, lui dit : « C'est aujourd'hui le saint jour de Pâques, c'est le jour de la Résurrection ; célébrez-en la fête ; entendez la sainte Messe avec une attention singulière. » La même voix continuant à la réveiller plusieurs fois, elle fut enfin obligée de se lever, ne sachant ce que cela voulait dire. Mais, ayant appris, sur les huit heures du matin, la mort du Père, elle ne douta point que ce ne fût un avis du ciel qui lui marquait que c'était le jour de la fête de Pâques pour cette sainte âme qui sortait heureusement de l'Égypte de ce monde pour entrer dans le ciel.

Plusieurs illustres graves Pères de la Compagnie témoignèrent à cette vertueuse Carmélite de grands sentiments pour la vertu du Père Surin. Entre autres, le Père Bailly lui dit « qu'il approuvait beaucoup ses écrits, et qu'il faisait grand cas de sa sainteté, en ayant une particulière connaissance par la communication entière qu'il lui avait faite de son intérieur. » Le Père Anginot, qui l'avait connu dès sa jeunesse, lui en parla avec la même estime. Le Père Partenay a assuré « qu'il ne l'avait jamais vu manquer aux vertus. »

Voici fidèlement un petit extrait de quelques lettres de plusieurs Pères de la Compagnie, qu'ils écrivirent immédiatement après sa mort. Dans l'une, un Père mande : « Le Père Surin est mort comme il avait vécu, en saint et en grand saint; priez Dieu pour lui, quoique je ne crois pas qu'il en ait besoin, ainsi que plusieurs personnes en ont eu une connaissance surnaturelle. »

Dans une autre lettre, un Père de la même Société dit : « Ce cher Père est mort en odeur de sainteté; on lui baisait les mains, comme l'on fait aux saints. C'était un homme d'une grande foi. Oh! qu'il est doux de mourir dans le sein de Dieu, après avoir passé par le rebut de tout le monde! »

Une autre personne de mérite mande : « Il visitait continuellement les hôpitaux. Sa douceur et sa patience étaient extraordinaires dans toutes sortes de rencontres; son entretien, tout divin avec les grands et les petits, et si touchant qu'il ne conversait avec personne sans faire quelque sainte impression dans son cœur; son humilité, si grande, qu'on pouvait le nommer le vrai humble. Les plus parfaits peuvent trouver de quoi imiter dans sa vie. »

Ce qui a causé la différence des sentiments à son égard a été son obsession et les effets qui en sont arrivés. Mais, puisqu'il l'avait demandé à Dieu, c'est la marque d'une sainteté admirable. Il avait aussi demandé de passer pour fou, et cet état de folie apparente le fit passer pour tel, ce qu'il tenait pour l'une des plus grandes grâces qu'il eût obtenues.

Je finis par le témoignage du Père Bastide, dont la mémoire est en bénédiction. Il a eu une pleine connaissance de l'intérieur du saint homme de Dieu. Il n'était pas à Bordeaux le jour de sa mort. Voici ce qu'il en mande : « Tous les nôtres m'ont témoigné généralement que sa mort les a embaumés d'une odeur de sainteté. On lui baisait les pieds et les mains. Plusieurs fondaient en larmes; plusieurs ont gardé de ce qui était à lui. Le Père Provincial en a parlé comme d'un saint.

FIN

TABLE DES MATIÈRES

Paris. — Imp. Gauthier-Villars, 55, quai des Grands-Augustins.